KB266663

죽음,

부활을 품다

죽음, 부활을 품다

김호경

뜰임

차례

부활에 관한 이야기를 하려고 합니다. 그러나 이 책의 초점은 부활 자체가 아니라 부활로부터 시작하는 믿음, 곧 부활 신앙입니다. 그렇다고 부활 신앙을 장황하게 설명하려는 것은 아닙니다. 성경 속 이야기들에 나타난 부활 신앙을 천천히 따라가 보려고 합니다. 이 책의 관심은 사람입니다. 부활을 생각하며 던진 제 질문은, 성경 속 인물들이 어떻게 예수의 죽음에도 흔들리지 않고 믿음의 길을 갔을까, 하는 것이었습니다. 부활은 죽음을 넘어서기 때문입니다. 그래서 예수의 죽음에 직면한 사람들을 만났습니다. 예수의 죽음에도 불구하고 믿음의 삶을 살았다면 그들은 죽음 너머의 무언가를 보았을 것이고, 그것이 부활로 확증되었다면, 그들도 자신들의 죽음을 넘어 꿋꿋하게 믿음의 길을 갔을 것입니다. 아마도 그렇게 부활의 소망이 이어지며, 그것이 그들의 삶에서 생명으로 드러났을 것입니다. 그러므로 예수의 죽음에 반응하는 각각의 사람들의 이야기들을 부활 신앙이라는 맥락에서 한 번 엮어 보면 좋겠다는 생각을 하게 되었습니다.

사실 이러한 시도가 그렇게 단순하지는 않습니다. 어떤 사람들의 이야기들은 매우 짧고 단편적이며 또 여기저기 흩어져 있습니다. 그리고 각각의 이야기는 그 이야기가 있는 문맥의 의미망 속에 있기 때문에, 그것들을 떼어 내어서 이리저리 연결시키는 데 한계가 있기도 합니다. 그럼에도 각 사람들이 예수의 죽음을 향해서 어떻게 나아갔는지를 추적한다면, 우리도 그렇게 죽음을 넘어선 소망을 품을 수 있지 않을까, 수많은 다른 것으로 오염된 우리의 소망들이 부활의 빛을 얻을 수 있지 않을까, 생각했습니다. 그들처럼 말입니다. 우리가 그리스도 안에서, 그리고 하나님 앞에서, 어떤 믿음을 가지고 있는지는 우리의 소망을 통해서 드러납니다. 그렇다면 과연 우리는 부활의 소망을 가지고 있는가? 그것이 우리의 삶과 믿음을 이끌고 있는가? 우리가 부활 신앙으로 살아가고 있는지 짚어 보고 싶었습니다.

저는 우리가 단 하나의 소망으로 충분했으면 합니다. 바울처럼 말입니다. 그의 소망은 부활뿐이었습니다. 그는 그 소망으로 고난을 견뎌 냈고 복음의 증인이 되었습니다. 부활한 예수를 보지 못했다는 손가락질에도 불구하고 말입니다. 바울도, 우리도, 부활의 현장에 없었습니다. 그러나 보지 못했고, 상상할 수 없고, 있을 수 없기에, 믿을 수 없다는 수많은 사람들에도 불구하고 부활의 소망으로 흔들림 없이 예수의 길을 갔던 사람들이 있습니다. 그들이 믿음의 사람들입니다. 예수의 길은 다른 소망을 품은 사람들이 나아갈 수 없는 길입니다. 이 책은 그 길을 함께 묵상하며 우리의 삶을 한번 돌아보자는 취지로 기획되었습니다. 작은 책에 깊은 묵상의 우물을 만들자는 기획은 뜰힘 출판사의 최병인 대표로부터 시작되었습니다. 그는 언제나 번뜩이는 아이디어로 많은 영감을 주고 믿음의 길을 고민하게 하니 고마울 뿐입니다. 그림으로 이야기를 풍부하게 만들어 주신 조선아 일러스트레이터와, 책을 아름답게 만들어 주신 이차희 디자이너에게 감사를 드립니다.

작은 책이다 보니, 언제나 곁에 두고 독자들이 스스로 생각하고 스스로의 소망을 날마다 점검하는 용도로 이 책이 사용되었으면 좋겠습니다. 이를 위해서 되도록 제 말보다는 성경의 이야기들을 드러내려고 노력했습니다. 각 이야기들은 매우 짧은 형태인데, 성경 속 이야기들이 예수의 죽음을 향해서 모아지는 과정에서 그들의 믿음을 묵상하는 것은 독자들의 몫입니다. 이 책을 덮을 때는, 어떤 인물, 그 인물에 대한 성경 구절들이 독자들의 머릿속에 맴돌았으면 좋겠습니다. 그리고 그 구절들과 예수의 죽음이 어떻게 이어지는지, 그것이 우리를 어떤 소망으로 이끄는지 돌아볼 수 있는 기회로 이어지면 좋겠습니다.

십자가의 여자들

예수의 부활은 개별적이고 독립된 사건이 아닙니다. 예수의 부활은 예수의 죽음과 동전의 양면처럼 붙어 있습니다. 부활이라는 단어보다 성경에 많이 나오는 표현은 '죽음으로부터 일으킴을 받다'입니다. 부활은 죽음을 넘어선 사건입니다. 부활 사건에는 죽는 예수와 그를 살리는 하나님의 능력이 드러납니다. 부활은 고난과 죽음을 넘어서는 열쇠이며 복음의 증인이 되는 푯대입니다. 예수를 죽음에서 일으킨 하나님만 보며 나아갈 때, 두려움과 절망을 넘어 예수의 제자가 될 수 있기 때문입니다. 그러므로 부활의 증인은 또한 죽음의 증인이기도 합니다. 부활에 참여하기 위해서는 예수의 죽음에 참여해야 합니다. 그러나 이러한 맥락에서 보자면, 예수의 죽음을 대하는 제자들의 태도는 아쉬움으로 가득 찹니다. 제자들은 예수의 사역 처음부터 예수와 함께 다니며 그의 놀라운 행사를 보았고 새로운 가르침을 들었습니다. 그리고 그가 누구인지도 고백했습니다. 제자들을 떼어 놓고 예수를 말할 수는 없습니다.

그렇지만, 제자들은 그런 예수의 죽음을 이해하지 못한 것 같습니다. 마가복음에서 예수는 계속해서 말합니다.

…인자가 반드시 많은 고난을 받고, 장로들과 대제사장들과 율법학자들에게 배척을 받아, 죽임을 당하고 나서, 사흘 후에 살아나야 한다….

마가복음 8:31

…인자가 사람들의 손에 넘어가고, 사람들이 그를 죽이고, 그가 죽임을 당하고 나서, 사흘 후에 살아날 것이라….

마가복음 9:31

보아라, 우리는 예루살렘으로 올라가고 있다. 인자

 십자가의 여자들

가 대제사장들과 율법학자들에게 넘어갈 것이다. 문
들은 인자에게 사형을 선고하고, 이방 사람들에게 넘
겨줄 것이다. 그리고 이방 사람들은 인자를 조롱하고
침 뱉고 채찍질하고 죽일 것이다. 그러나 그는 사흘
후에 살아날 것이다.

마가복음 10:33-34

그러나 제자들은 이 말의 심각성을 깨닫지 못합니다.
그들은 예수가 죽는다는 것을 믿지 못하고, 그러니 예
수가 사흘 후에 살아난다는 말도 귓등으로 흘릴 수밖
에 없었습니다. 베드로는 그런 말을 하는 예수를 비난
하고(막 8:32-38), 제자들은 누가 높은 자가 될 것인지
로 언성을 높이며(막 9:33-37), 급기야는 마지막에 예
수의 좌우에 앉는 자리를 탐냅니다(막 10:35-45).

그들은 자신들의 상상 속에 있는 그리스도를 믿었
고, 예수가 그들의 생각과 다른 모습을 보이자, 모두
제 살길에만 급급했던 것 같습니다. 아마도 예수가 가
진 놀라운 능력만 아까울 뿐이었을 것입니다. 그들은
예수와 함께 믿음의 길을 가고 있었는데도 말입니다.
그래서 성경을 읽다 멈추고, 또 읽다 멈추며, 다시 문

게 됩니다. '믿음은 무엇인가?', '믿음은 어디에 있는가?' 아니, 이런 객관적인 물음은 의미가 없을지도 모릅니다. '나'는 무엇을 믿고 있는가? '나'는 어떻게 믿고 있는가? 예수의 죽음에 눈 감고 부활은 꿈도 꾸지 못하는 제자들을 보며, '나'는 어떠한지, '나'의 꿈은 무엇인지 돌아보게 됩니다. 예수가 자신의 죽음과 부활에 대한 소망을 제시하는 슬프고도 애잔한 이야기들은, 우리가 나아가는 믿음의 길에서 진정한 지표가 되고 있는지, 우리도 그렇게 슬프고 애잔한 꿈을 예수와 함께 꾸고 있는지, 말입니다.

확실히, 제자들은 예수와 같은 꿈을 꾸고 있지는 않은 것 같습니다. 그런 제자들과 예루살렘으로 올라간 예수에게, 갑자기 나타난 한 여자가 예수의 머리에 값비싼 향유를 붓는 사건에서, 예수의 죽음에 대한 제자들의 무지는 극에 달합니다. 사람들은 그녀의 행위를 낭비로 치부했지만, 예수는 "이 여자는, 자기가 할 수 있는 일을 하였다. 곧 내 몸에 향유를 부어서, 내 장례를 위하여 할 일을 미리 한 셈이다. 내가 진정으로 너희에게 말한다. 온 세상 어디든지, 복음이 전파되는 곳마다, 이 여자가 한 일도 전해져서, 사람들이 이 여자를 기억하게 될 것이다"(막 14:8-9)라고 말하기 때문입니다. 지금까지 누구도 알고 싶지 않았던 예수의 죽음, 누구도 준비하지 않은 예수의 죽음, 여자는 그것을 준비하며 자신의 모든 것을 쏟아부었습니다. 그러나 여자가 그렇게 예수의 죽음을 준비하고 자신의 행위로 예수의 죽음을 드러냈음에도 불구하고, 제자들은 끝까지 예수의 죽음에 참여하지 못합니다.

그들은 겟세마네 동산에서 예수의 마지막 기도 부탁도 제대로 이행하지 못했고(막 14:32-42), 결국 예수가 잡히던 그때 모두 예수를 버리고 달아났습니다(막 14:50). 죽음을 모르던 그들에게 부활에 대한 소망은 언감생심이었습니다. 그렇게 그들은 예수에게서 멀어졌고, 예수와 함께한 시간들은 덧없이 사라졌습니다. 그리고 예수는 십자가의 길에 홀로 들어섰습니다. 그나마 그 십자가의 예수를 보며, 그를 하나님의 아들로 고백한 백부장이 있어서 놀라울 뿐입니다. 그는 예수를 가리키며 "참으로 이분은 하나님의 아들이셨다"라고 말합니다(막 15:39). 도대체 어디서 온 사람인지 알 수 없는 백부장은, 무력하고 비참한 예수의 절규, "나의 하나님, 나의 하나님, 어찌하여 나를 버리셨습니까?"(막 15:34)에도 불구하고, 하나님이 예수를 버리지 않았다고 확신한 듯합니다. 어떻게 그럴 수 있었을까? 그는 도대체 어떤 믿음을 가졌는지 알 길이 없습니다. 알 수 없는 사람의 알 수 없는 고백. 어쩌면 그 속에 부활의 믿음이 있었던 것은 아니었을까, 생각할 뿐입니다. 믿음은 그렇게 드러나지 않은 사람들에게서, 생각지도 못한 상황에서 발현되는 것 같기도 합니다.

그리고 또 한 무리의 사람들이 반가움을 더합니다.

여자들도 멀찍이서 지켜보고 있었는데, 그들 가운데는 막달라 출신 마리아도 있고 작은 야고보와 요세의 어머니 마리아도 있고 살로메도 있었다. 이들은 예수가 갈릴리에 계실 때에, 예수를 따라다니며 섬기던 여자들이었다. 그 밖에도 예수와 함께 예루살렘에 올라온 여자들이 많이 있었다.

마가복음 15:40-41

멀리서 와서 끝까지 예수를 따르던 여자들, 지금 당장 드러내지 못해도 결국 예수의 믿음을 이어 나갈 그루터기 같은 존재들, 이들이 예수의 죽음에서 눈을 떼지 않은 것은 고마운 일입니다. 비록 예수의 사역 내내 그녀들이 어떠했는지는 알 수 없지만 말입니다. 어디서, 어떻게, 예수에게 와서 그와 함께하게 되었는지 모를 향유 부운 여자나 백부장, 그리고 갈릴리에서 예루살렘까지 이어진 여자들의 발걸음, 그들이 예수의 죽음을 준비하며 예수의 십자가 곁에 함께 있었던 것은 왜일까? 무엇이 그들을 그곳까지 끌고 갔을까? 그들은 어떻게 모든 사람이 떠난 그 자리를 지킬 수 있었을까? 죽음에도 예수를 떠나지 않을 수 있었던 그들의 믿음을 묻게 됩니다.

어머니 마리아

멀리서 십자가를 바라보던 여자들 가운데 예수의 어머니 마리아도 있었습니다. 어머니 마리아의 이야기는 복음서 곳곳에 흩어져 있지만, 여기서는 요한복음의 이야기를 따라가 보려고 합니다. 요한복음에서 예수가 행하는 기적은 표적이라는 말로 표현됩니다. 표적은 일종의 상징입니다. 예수의 초월적 능력은 표적이라는 말을 통해서 기적 자체가 아니라 기적을 행하는 이에게로 관심을 돌리게 합니다. 예수의 표적에서 중요한 것은, 그 일에 담겨 있는 상징적 의미이며 그러한 표적을 행하는 이의 정체입니다. 예수는 갈릴리 가나의 한 혼인 잔치에서 첫 번째 표적을 행합니다(요 2:1-12). 그것은 물로 포도주를 만드는 것이었습니다. 요한복음에 담긴 이 기적 행위의 중요성은, 그것이 첫 번째 표적이라는 데 있습니다. 첫 번째라는 의미를 쫓아가야 이 표적을 이해할 수 있습니다.

이를 위해서는 이야기의 맥락을 파악해야 합니다. 예수는 어머니 마리아와 함께 혼인 잔치에 참여했고, 마리아는 잔치에서 포도주가 떨어진 것을 눈치챘습니다. 잔치에 포도주가 없다는 것은 상상할 수도 없는 일이었습니다. 그러나 마리아는 예수가 그 문제를 해결할 수 있다는 것을 알았고 예수에게 그 사실을 알렸습니다. 마리아의 은근한 부탁에 대한 예수의 반응이 잘 이해되지 않습니다.

> …여자여, 그것이 나와 당신에게 무슨 상관이 있습니까? 아직도 내 때가 오지 않았습니다.
>
> 요한복음 2:4

어머니를 '여자'라고 부르는 어색한 상황, 우리(나와 당신)와 상관없는 일이니 신경 쓰지 말라는 말투, 돌연 등장하는 예수의 때에 대한 환기. 이 말은 마치 예수가 어머니의 부탁을 안 들어줄 것 같은 인상을 주기에, 이후 예수가 물로 포도주를 만든 사건과 어울리지 않아 보입니다. 그러나 잔치를 관장하는 사람도 알지 못한 사이, 그들이 준비하지 않은 포도주가 만들어진 이 첫 번째 표적은, 새 시대가 도래했음을 알려 줍니다. 그들은 알 수 없었지만, 예수로 말미암아 이미 다른 세상이 열린 것입니다. 이것이 첫 번째 표적의 의미입니다. 이제 시작입니다!

이 첫 번째 표적은 새 시대를 고지할 뿐만 아니라, 새로운 시선을 던져 주는 역할도 합니다. 그것이 요한복음 2장 4절의 숨겨진 기능입니다. 어머니를 여자로 부르는 것은 당시의 관습에서 마리아에 대한 존칭의 의미를 내포할 뿐 아니라, 어머니와 아들이라는 사적 관계를 공적 관계로 전환하는 수사입니다. 마리아는 단순히 어머니가 아니라 예수와 함께 일하는 동역자로 부각됩니다. 그녀는 예수가 어떤 능력을 가지고 있는지 알고 있습니다. 그런 마리아에게 예수는 잔칫집의 포도주 따위에 신경 쓰지 말라고 말합니다. 그 문제를 해결하고 그를 통해서 새로운 시대를 여는 일은 예수의 몫입니다. 그것은 예수가 알아서 처리할 일입니다. 그러나 예수와 함께 사역을 할 것이라면, 마리아는 포도주가 아니라 예수의 '때'에 마음을 써야 했습니다.

예수의 '때'는 요한복음의 키워드입니다.

사람들이 예수를 잡으려고 하였으나, 아무도 그에게 손을 대는 사람이 없었다. 그것은 그의 때가 아직 이르지 않았기 때문이다.

요한복음 7:30

…그러나 그를 잡는 사람이 아무도 없었다. 그것은 아직도 그의 때가 이르지 않았기 때문이다.

요한복음 8:20

예수께서 그들에게 대답하셨다. "인자가 영광을 받을 때가 왔다."

요한복음 12:23

예수께서 이 말씀을 마치시고, 눈을 들어 하늘을 우러러보시고 말씀하셨다. "아버지, 때가 왔습니다. 아버지의 아들을 영광되게 하셔서, 아들이 아버지께 영광을 돌리게 하여 주십시오."

요한복음 17:1

첫 번째 표적에서 마리아에게 고지한 때에 대한 이야기는 요한복음 내내 언급되며 예수는 자신의 때를 향해 나아갑니다. 그리고 이제 예수는 제자들과의 마지막 만찬을 마무리하는 기도에서, 때가 이르렀다고 말합니다(요 17:1). 이 '때'는 예수가 영광 받는 때이며 예수가 아버지께 영광을 돌리는 때입니다. 이 영광의 때는 예수의 죽음을 통해서 완성됩니다. 예수의 때는 예수가 죽는 때입니다.

이 영광의 때가 이루어지는 십자가 곁, 어머니 마리아는 다른 여자들과 함께 다시 등장합니다(요 19:25). 마리아가 예수의 사역 내내 무엇을 어떻게 했는지 알 수는 없습니다. 그러나 처음으로 '때'에 대한 고지를 들었던 마리아는 그 '때'의 마지막에 예수와 함께 있습니다. 마리아는 예수의 '때'를 따라온 사람입니다. 요한복음은 마리아와 '때'의 연결을 통해서 '예수의 때'를 따라가는 사람이 예수의 제자라고 말하고 싶어 하는 것 같습니다. 죽음으로 가는 '예수의 때'에서 길을 잃지 않는 것이 믿음이라고 말입니다.

예수께서는 자기 어머니와 그 곁에 서 있는 사랑하는

 어머니 마리아

제자를 보시고, 어머니에게 "어머니, 이 사람이 어머니의 아들입니다" 하고 말씀하시고, 그다음에 제자에게는 "자, 이분이 네 어머니시다" 하고 말씀하셨다. 그때부터 그 제자는 그를 자기 집으로 모셨다.

요한복음 19:26-27

죽음을 앞둔 예수는, 자신의 십자가에서, 그의 '때'의 완성을 보는 어머니와 그의 사랑하는 제자를 하나로 연결시킵니다. 십자가에 이르기까지 예수와 함께한 그들에게 십자가가 끝이 아니라는 것을 상기시키려는 듯이 말입니다.

이것은 사적으로 어머니 마리아의 노후를 부탁하는 것이 아니라, 어머니 마리아와 사랑하는 제자를 통해서 이어질 예수의 새로운 사역을 암시하는 것이기도 할 것입니다. 하나님의 일은 예수가 없더라도 계속될 것이기 때문입니다. 첫 번째 표적을 통해서 새로운 시대를 암시했던 것처럼, 이제 십자가 위의 예수는 자신의 죽음 이후에 펼쳐질 새로운 세상을 준비합니다. 부활은 그 증거가 될 터인데, 예수의 '때'만 바라고 온 마리아는 자신이 따라갈 빛이 무엇인지 상상할 수 있었

을 것 같습니다. 그녀가 죽음의 때까지 흔들리지 않고
따라온 것을 보면 말입니다. 죽음의 때가 영광의 때라
는 믿음의 근저에, 무엇이 있을지 알 수 있지 않겠습
니까?

　　어머니 마리아

사랑하는 제자

십자가 아래에는 어머니 마리아와 함께 사랑하는 제자가 있었습니다. 사랑하는 제자는 요한복음에만 등장하는데 그 정체를 알기는 어렵습니다. 많은 사람들이 그가 누구인지를 알아내려고 노력했지만 확신할 수 있는 증거는 없습니다. 결국은 '사랑하는 제자'라는 이름으로부터 '예수가 사랑하는 모든 사람들'이라는 상징성을 부여하는 것으로 만족할 뿐입니다. 그가 누구인들 그것이 그렇게 중요한 것은 아닙니다. 그러나 불분명한 그의 정체에도 불구하고 요한복음에서 그가 등장하는 장면의 중요성 때문에, 그는 간과될 수 없습니다. 그가 처음 등장하는 것은 요한복음 13장입니다. 예수가 제자들과 마지막 만찬을 하는 자리에서 그는 예수의 품에 기대어 앉아 있습니다(요 13:23). 예수가 자신을 팔 사람에 대해서 말하자 베드로의 은밀한 눈 짓에 따라서 그가 누구인지를 예수에게 대신 물어본 사람입니다(요 13:21-25). 이 장면은 사랑하는 제자와 예수의 매우 친밀한 관계를 암시합니다. 감히 베드로 도 끼어들 수 없는 관계인 듯합니다.

예수의 죽음이 본격적으로 시작되는 이야기에서 처 음으로 등장한 이 미스터리한 인물은 예수가 대제사 장의 집으로 잡혀간 이야기에서 다시 등장합니다. 대 제사장의 집은 베드로에게 매우 뼈아픈 장소입니다. 그는 대제사장의 집 문 앞에서 예수를 세 번이나 부인 하기 때문입니다(요 18:15-18). 그런데 요한복음은 대 제사장의 집까지 따라갔던 사람이 베드로만은 아니라 고 전해 줍니다.

시몬 베드로와 또 다른 제자 한 사람이 예수를 따라 갔다. 그 제자는 대제사장과 잘 아는 사이라서, 예수 를 따라 대제사장의 집 안뜰에까지 들어갔다.

요한복음 18:15

여기서 갑자기 등장하는, 베드로와 같이 예수를 따라

 사랑하는 제자

갔던 '다른 제자'가 누구인지도 궁금증을 유발합니다. 그런데 그 '다른 제자'의 정체는 다음의 순간, 막달라 마리아가 예수의 빈 무덤을 발견한 이야기에서 추측할 수 있습니다.

주간의 첫 날 이른 새벽에 막달라 사람 마리아가 무덤에 가서 보니, 무덤 어귀를 막은 돌이 이미 옮겨져 있었다. 그래서 그 여자는 시몬 베드로와 **예수께서 사랑하시던 그 다른 제자**에게 달려가서 말하였다. "누가 주님을 무덤에서 가져갔습니다. 어디에 두었는지 모르겠습니다." 베드로와 **그 다른 제자**가 나와서, 무덤으로 갔다. 둘이 함께 뛰었는데, 그 다른 제자가 베드로보다 빨리 달려서, 먼저 무덤에 이르렀다. 그런데 그는 몸을 굽혀서 삼베가 놓여 있는 것을 보았으나, 안으로 들어가지는 않았다. 시몬 베드로도 그를 뒤따라 왔다. 그가 무덤 안으로 들어가 보니, 삼베가 놓여 있었고, 예수의 머리를 싸맸던 수건은, 그 삼베와 함께 놓여 있지 않고, 한 곳에 따로 개켜 있었다. 그제서야 먼저 무덤에 다다른 **그 다른 제자**도 들어가서, 보고 믿었다. 아직도 그들은 예수께서 죽은 사람들 가운데서 반드시 살아나야 한다는 성경 말씀을 깨닫지 못하였다. 그래서 제자들은 자기들이 있던 곳으로 다시 돌아갔다.

요한복음 20:1-10

여기서 '다른 제자'는 '사랑하는 제자'라고 불린 그 사람으로 칭해집니다.

사랑하는 제자는 주로 베드로와 함께 등장합니다. 마지막 만찬에서도 그렇고 예수의 빈 무덤에서도 그렇습니다. 그러니 대제사장의 집에서 등장하는 '다른 제자'도 '사랑하는 제자'로 보는 것이 이상하지 않습니다. 이 둘의 관계는 일종의 라이벌 같기도 합니다. 아마도 사랑하는 제자가 좀 우위에 있는 것 같기는 하지만 말입니다. 마지막 만찬에서 사랑하는 제자는 예수와 밀착해 있으며 거리낌이 없습니다. 대제사장 집 문밖에 있는 베드로와 달리, 그가 집 안뜰까지 들어가는 것도 놀랍습니다. 빈 무덤에 먼저 도착한 이도 사랑하는 제자입니다. 그리고 베드로를 뒤따라 무덤에 들어간 그에게 "보고 믿었다"(요 20:8)라는 설명이 붙습니다. 함께 들어간 베드로에게 사용되지 않은 말입니다.

   사랑하는 제자

요한복음에서 '보다'와 '믿다'는 동일한 의미며, (예수를) 보면, (예수를) 믿어야 합니다. 그것이 믿음입니다. 보고 믿지 않는다면 불신앙입니다.

물론 베드로와 사랑하는 제자 모두 예수의 부활을 제대로 깨닫지 못했다는 말이 덧붙어 나오고(요 20:9), 그들의 깨달음은 빈 무덤이 아니라 부활한 예수가 그들에게 나타나는 이야기에서 완성될 것이지만(요 21:1-25), 사랑하는 제자가 예수의 죽음과 부활에 가까이 다가가 있다는 것은 확실합니다. 요한복음 21장은 베드로가 부활한 예수와 만나고 사명을 부여 받는 이야기지만(요 21:1-19), 여기에도 사랑하는 제자는 빠지지 않고 등장합니다(요 21:20-25). 사랑하는 제자는 예수의 죽음에서 부활에 이르기까지 계속해서 베드로와 함께 언급됩니다. 그런 그가 유일하게 베드로와 떨어져서 나온 곳이 십자가 아래입니다. 그가 어머니 마리아와 새로운 가족으로 연결되는 이야기입니다.

사랑하는 제자의 정체를 밝히는 것은 별 유익이 없습니다. 그의 삶의 세세한 궤적을 모른다고 해서 문제가 될 것도 없습니다. 다만 이것은 중요한 것 같습니다. 그는 예수가 죽음에 직면한 그 순간부터 십자가에 이르기까지, 예수의 고통스러웠던 시간들 가운데서도 예수를 떠나지 않았다는 것입니다. 십자가도 예수에게는 고통스러운 것이었겠지만, 그 길을 이해하지 못하는 제자들도 예수에게는 고통이었을 것입니다. 그렇게 많은 일을 가르치고 보여 주었으니 말입니다. 예수의 길을 이해하지 못하는 제자들의 절망과 혼란, 그들과 예수의 지난 시간을 무효로 만들어 버리는 제자들의 무지는, 모두에게 고통스러운 것이었겠지만, 그래도 묵묵히 그 길을 따르는 사람들이 있어서, 예수는 자신의 죽음 이후를 그들에게 맡길 수 있었을 것입니다. 마리아와 사랑하는 제자에게 했던 것처럼 말입니다. 그들은 예수가 없다고 사라지지 않을 생명의 길을 이어 갈 것이고, 제자들은 그들과 함께 다시 믿음의 길에 들어설 것입니다.

고통스럽고 혼란한 시간, 한결같은 믿음으로 나아가는 것은 상상 이상으로 어렵습니다. 죽음을 앞둔 예수를 보고, 한결같이 예수를 믿는 것도 어렵습니다. 한 치 앞도 알 수 없는 상황을 보고, 한결같이 예수를 믿는 것도 어렵습니다. 좌절하고 절망하는 사람들, 그렇게 떠나는 사람들을 보고도, 한결같이 예수를 믿는 것도 어렵습니다. 한결같은 믿음은 어렵습니다. 그러나 그럼에도 불구하고, 흔들리고 좌절하고 떠나가는 믿음이 당연하지는 않습니다. 혼란과 절망을 넘어서는 믿음이 있기 때문입니다. 누군가는, 그런 죽음과 같은 상황을 넘어, 스스로를 예수에게 단단하게 매고 그에게서 눈을 떼지 않는 사람들이 있기 때문입니다. 예수를 따르는 길이 언제고 다시 그들을 죽음으로 몰아갈 수 있다고 하더라도, 예수와 함께 가는 길을 포기하지 않는 것이 믿음이라고 말하는 사람들이 있기 때문입니다. 도대체 그들은 무엇을 보았을까, 그들은 무엇을 소망했을까, 궁금해집니다.

니고데모

정체 모를 사랑하는 제자에 비하면, 우리가 익히 알고 있는 니고데모라는 사람이 있습니다. 니고데모는 바리새인으로서 지도층에 속한 사람이었습니다. 어느 날 밤, 이 사람이 예수를 찾아옵니다(요 3:2). 요한복음의 상징적인 표현은, 이 사람이 '밤'에 왔다는 것으로 이미 그에 대한 많은 설명을 합니다. 빛과 어둠, 생명과 죽음, 하늘과 땅 등. 대조적인 표현을 즐겨 사용하는 요한복음에서 밤은 부정적 의미를 내포하며, 밤에 찾아온 은밀함은 드러내 놓고 예수를 만날 수 없는 불분명하고 불안한 니고데모를 상상하게 합니다. 어두운 밤, 주변을 두리번거리며, 흔들리는 눈빛으로 얼굴을 가리고 누군가의 집 문 앞을 서성이는 모습 같은 것 말입니다.

그렇게 몰래 예수를 찾아온 니고데모는 예수와 다음과 같은 말을 나눕니다.

니고데모 랍비님, 우리는, 선생님이 하나님께로부터 오신 분임을 압니다. 하나님께서 함께하지 않으시면, 선생님께서 행하시는 그런 표징들을, 아무도 행할 수 없습니다.

예수 내가 진정으로 진정으로 너에게 말한다. 누구든지 다시 나지 않으면, 하나님 나라를 볼 수 없다.

니고데모 사람이 늙었는데, 그가 어떻게 태어날 수 있겠습니까? 어머니 뱃속에 다시 들어갔다가 태어날 수야 없지 않습니까?

예수 내가 진정으로 진정으로 너에게 말한다. 누구든지 물과 성령으로 나지 아니하면, 하나님 나라에 들어갈 수 없다. 육에서 난 것은 육이요, 영에서 난 것은 영이다. 너희가 다시 태어나야 한다고 내가 말한 것을, 너는 이상히 여기지 말아라. 바람은 불고 싶은 대로 분다. 너는 그 소리는 듣지만, 어디에서 와서 어디로 가는지는 모른다. 성령으로 태어난 사람은 다 이와 같다.

니고데모 어떻게 이런 일이 있을 수 있습니까?

예수 너는 이스라엘의 선생이면서, 이런 것도 알지 못하느냐? 내가 진정으로 진정으로 너에게 말한다. 우리는, 우리가 아는 것을 말하고, 우리가 본 것을 증언하는데, 너희는 우리의 증언을 받아들이지 않는다. 내가 땅의 일을 말하여도 너희가 믿지 않거든, 하물며 하늘의 일을 말하면 어떻게 믿겠느냐? 하늘에서 내려온 이 곧 인자 밖에는 하늘로 올라간 이가 없다. 모세가 광야에서 뱀을 든 것 같이, 인자도 들려야 한다. 그것은 그를 믿는 사람마다 영생을 얻게 하려는 것이다.

요한복음 3:2-15

이야기를 나눌수록 니고데모의 무지는 적나라하게 드러납니다. 예수의 영적 이야기를 육적인 내용으로 응답하는 것을 보면, 그가 예수의 표적도 이해하지 못하고 있음이 분명합니다. 그는 예수에 관해서, 거듭남에 관해서, 그리고 하나님 나라에 관해서 밤만큼 깜깜한 이해를 가지고 있습니다. 그런데 그 무지한 이스라엘의 선생에게 예수는 자신의 죽음을 이야기합니다. 니

 니고데모

고데모의 이해를 돕기 위해서, 모세의 구리 뱀이 사람들을 살린 것처럼 십자가의 예수가 생명을 줄 것이라는 비유로 말입니다. 거듭남에서 얻은 생명이 십자가에서 완성될 것이라는 의미입니다. 십자가는 예수의 때를 아버지의 영광으로 완성시키며, 우리를 또한 죽음으로부터 일으킬 것이기 때문입니다(요 19:30).

일단은 거듭남부터 해결해야 하는, 아직은 밤에 있는 니고데모가 당장에 이 모든 것을 이해했을 것 같지 않습니다. 그런데 놀라운 사실은 이런 니고데모가 예수의 죽음 이야기에 다시 등장한다는 것입니다.

또 전에 예수를 밤중에 찾아갔던 니고데모도 몰약에 침향을 섞은 것을 백 근쯤 가지고 왔다. 그들은 예수의 시신을 모셔다가, 유대 사람의 장례 풍속대로 향료와 함께 삼베로 감았다. 예수가 십자가에 달리신 곳에, 동산이 있었는데, 그 동산에는 아직 사람을 장사한 일이 없는 새 무덤이 하나 있었다. 그날은 유대 사람이 안식일을 준비하는 날이고, 또 무덤이 가까이 있었기 때문에, 그들은 예수를 거기에 모셨다.

요한복음 19:39-42

예수가 십자가에 달려 죽은 후, 그의 죽음을 마무리한 것은 니고데모였습니다. 그는 여전히 '밤에 찾아왔던' 사람으로 각인되었지만, 이제는 더 이상 밤의 사람이 아닙니다. 그리고 여기서 '그들'이라는 복수 주어는 니고데모 외에 다른 한 사람을 주목하게 합니다.

> 그 뒤에 아리마대 사람 요셉이 예수의 시신을 거두게 하여 달라고 빌라도에게 청하였다. 그는 예수의 제자인데, 유대 사람이 무서워서, 그것을 숨기고 있었다. 빌라도가 허락하니, 그는 가서 예수의 시신을 내렸다.

요한복음 19:38

'그들' 중 한 명은 아리마대 사람 요셉입니다. 그는 예수의 제자로 소개되지만 자신을 드러내지 못하는 사람이었습니다. 그는 사람들의 평판이 두려웠던 것 같습니다. 요셉도, 니고데모도 모두 밤의 사람이었습니다. 그들이 밤에서 벗어날 수 없었던 이유는 다음과 같은 구절들에서 알 수 있습니다.

지도자 가운데서도 예수를 믿는 사람이 많이 생겼으나, 그들은 바리새파 사람들 때문에, 믿는다는 사실을 드러내지는 못하였다. 그것은, 그들이 회당에서 쫓겨날까봐 두려워하였기 때문이다. 그들은 하나님의 영광보다도 사람의 영광을 더 사랑하였다.

요한복음 12:42-43

유대인들에게 있어서 출교는 죽음과도 같은 것이었습니다. 예수를 믿는다고 섣불리 고백했다가, 자신들에게 불어닥칠 위험을 감당하는 것은 쉬운 일이 아니었습니다. 예수를 확신할 수 없고 자신을 드러낼 수 없는 수많은 이유가 있었을 것입니다. 그러나 요한복음은 그 모두를 '사람의 영광을 사랑한 사람'으로 단정합니다.

니고데모와 요셉도 그런 사람들에 속했지만, 그들은 이제 빌라도도, 바리새인들도 두려워하지 않고, 예수의 시신을 요구하며 그에게 향유를 바르고 그의 무덤을 준비합니다. 십자가형은 로마의 반역자들에게 행해지는 극형이었고, 예수와 함께한다는 것은 곧 그 칼날이 자신들에게도 향할 수 있다는 위험을 의미했

 니고데모

습니다. 그러나 그들은 서슬 퍼런 죽음의 칼날을 두려워하지 않았습니다. 그들이 이렇게 담대하게 나선 것, 그들이 하나님의 영광을 더 사랑하게 된 것, 그것이 믿음일 것입니다. 믿음은, 예수를 보고 예수에게서 하나님의 영광을 보는 것입니다. 믿음은, 예수의 죽음을 보고도 예수를 따르는 것입니다. 믿음은, 예수의 죽음과 싸우며 결국 자신의 죽음을 두려워하지 않는 것입니다. 예수의 죽음이 '나'를 위한 것임을 믿고, 그 믿음으로 죽어도 예수를 따름으로, 마침내 예수가 말한 영생을 얻습니다. 그들은 아마 어느새 부활 신앙에 이른 듯합니다.

제자들의 첫 번째 이야기

멀리서 예수의 십자가를 지켜보던 여자들은 예수의 무덤을 눈여겨보아 두었고, 안식일이 지나자 예수의 시신이 있는 곳으로 달려갔습니다(막 16:1; 눅 24:1). 그러나 그들이 본 것은 빈 무덤뿐이었습니다. 그리고 막달라 마리아에게 부활한 예수가 나타났습니다(요 20:11-18; 막 16:9). 예수의 부활 이야기는 두 가지 형태로 전해집니다. 하나는 빈 무덤, 곧 예수를 묻었던 장소에 아무것도 없었다는 이야기입니다. 그리고 다른 하나는 부활 현현, 곧 부활한 예수가 사람들에게 자신의 모습을 보인 이야기입니다. 부활한 예수를 만난 막달라 마리아는 그 놀라운 소식을 제자들에게 전했습니다. 그러나 "그들은 예수가 살아 계시다는 것과 마리아가 예수를 목격했다는 말을 듣고서도, 믿지 않았습니다"(막 16:11). 말을 들었어도 믿을 수 없을 정도로 놀라운 일이 벌어진 것은 맞지만, 그래도 예수와 늘 함께하며 예수의 가르침을 듣던 사람들이라는 것을 생각하면, 이 구절을 읽으면서도 믿기 어려운 것이 사실입니다.

제자들이 단번에 마리아의 말을 믿어 줬으면 좋았겠다는 생각이 듭니다. 그러나 한편으로 그들의 머뭇거림과 주저함은 그들의 믿음만이 아니라 우리 믿음의 현주소도 알려 줍니다. 그렇게 오랫동안 부활에 대한 이야기를 들었고, 그렇게 오랫동안 믿음을 결단했지만, 우리도 여전히 주저하고 머뭇거리고 있으니 말입니다. 부활은 어려운 과제입니다. 입으로 말하는 것만큼 삶으로 부활이 그렇게 쉽게 고백되지도 않습니다. 니고데모가 거듭남을 이해하지 못하며 하는 말, "어머니 뱃속에 다시 들어갔다가 태어날 수야 없지 않습니까?"는 더 이상 남의 이야기가 아닌 듯하여 씁쓸할 때가 있습니다. 아마도 거듭남을 이해하는 니고데모적 방식과 부활을 이해하는 우리의 방식이 크게 다르지 않기 때문입니다. 죽음으로부터 일으킴을 받은 사건의 합리성에 마음을 쓰느라 그로부터 시작되는 믿음을 놓치기 일쑤입니다.

한편으로 부활 신앙으로 가는 길의 험난함은 죽음에 대한 두려움 때문이기도 할 것입니다. 부활을 말하면서도 우리는 죽음을 두려워합니다. 죽을지 모르는 고난 앞에서 우리는 늘 하나님에게 항거합니다. 어떻게 이럴 수 있느냐고 말입니다. 하나님이 이미 부활로 죽음을 이겼고 우리는 그 믿음 위에 있는데도 말입니다. 부활의 문제는, 분명 죽음의 문제입니다. 제자들이 예수의 죽음에 대해서 들었을 때, 그들이 혼란스러웠던 것은 아마도 이것입니다. 예수가 죽는다는 것과 하나님이 죽음을 이긴다는 것을 하나로 연결할 수 없었기 때문입니다. 죽음은 끝이지 새로운 시작이 될 수 없다는 것이 그들과 우리가 암묵적으로 동의하는 바입니다. 죽음은 혼란이며 좌절이며 부재이며 두려움입니다. 그러나 예수는 자신의 죽음을 이야기하면서 제자들에게 근심하지 말라고 말합니다(요 14:1). 예수의 부재가 하나님의 부재가 아니기 때문입니다.

그러니 하나님과 예수를 믿기만 하면 됩니다(요 14:1). 하나님과 예수가 언제나 그들과 함께할 것이라는 사실을 말입니다. 그러나 예수가 아버지의 집으로

 제자들의 첫 번째 이야기

갔다가 다시 올 것이라고 말해도, 예수가 어디로 가는지 그들이 그 길을 알 것이라고 해도, 그들은 오히려 자신들의 무지를 단언합니다.

도마가 예수께 말하였다. "주님, 우리는 주님께서 어디로 가시는지도 모르는데, 어떻게 그 길을 알겠습니까?"

요한복음 14:5

예수의 길에 대한 그들의 무지는 예수에 대한 무지이고, 예수에 대한 무지는 하나님에 대한 무지입니다. 그러니 그들이 이미 하나님을 알고 있고 하나님을 보았다고 말하지만, 그들의 무지는 멈추지 않습니다.

빌립이 예수께 말하였다. "주님, 우리에게 아버지를 보여 주십시오. 그러면 좋겠습니다."

요한복음 14:8

아무리 예수가 '아버지 안에 내가 있고 내 안에 아버지'가 있어 하나님의 일을 한다고 가르친다고 하더라도(요 4:34; 10:38; 14:10-14; 17:21), 아무리 하나님과 예수만 믿으라고 하더라도, 아무리 많은 표적을 보았다고 하더라도, 그들은 예수 안에 있는 하나님을 보지 못하고 그 하나님이 예수를 죽음에서 건질 것도 믿지 못합니다. 그들은 예수도, 하나님도 믿지 못합니다. 지금은 예수의 죽음이 코앞으로 다가온 상황인데도 말입니다. 그래서 더욱 예수의 죽음을 걱정하고 근심하며 두려워합니다.

아버지가 그들을 위해서 성령을 보내 주고 예수가 그들을 위해 다시 올 것이라 해도 말입니다.

…그리하면 아버지께서 다른 보혜사를 너희에게 보내셔서, 영원히 너희와 함께 계시게 하실 것이다. 그는 진리의 영이시다.… 그러나 너희는 그를 안다. 그것은, 그가 너희와 함께 계시고, 또 너희 안에 계실 것이기 때문이다. 나는 너희를 고아처럼 버려두지 아니하고, 너희에게 다시 오겠다.… 그날에 너희는, 내가 내 아버지 안에 있고, 너희가 내 안에 있으며, 또 내가 너희 안에 있음을 알게 될 것이다.

요한복음 14:16-20

예수 안에 있는 하나님을 보라는 예수의 말은, 죽음 앞에서 무효합니다. 그들은 예수의 죽음만 목도할 뿐이고, 그 때문에 흔들리기만 할 뿐입니다. 그래서 믿기만 하면 되는 순간에 또다시 엉뚱한 말을 합니다.

> 가룟 유다가 아닌 다른 유다가 물었다. "주님, 주님께서 우리에게는 자신을 드러내시고, 세상에는 드러내려고 하지 않으시는 것은 무슨 까닭입니까?"
>
> 요한복음 14:22

예수가 어디로 가는지도, 예수가 어떻게 다시 오는지도 모르는 제자들은, 결국 예수가 왜 그들에게 왔는지도 모릅니다. 예수의 '때'를 따라오지 못한 제자들은 그렇게 예수의 죽음 앞에서 길을 잃습니다. 그래도 예수는 그들에게 다시 말합니다.

> 너희는 내가 갔다가 너희에게로 다시 온다고 한 내 말을 들었다. 너희가 나를 사랑한다면, 내가 아버지께로 가는 것을 기뻐했을 것이다. 내 아버지는 나보다 크신 분이기 때문이다. 지금 나는 그 일이 일어나

기 전에 미리 너희에게 말하였다. 이것은 그 일이 일어날 때에 너희로 하여금 믿게 하려는 것이다.

요한복음 14:28-29

예수는 죽음이 끝이 아니라며 지치지 않고 말합니다. 그러니 자신이 다시 오리라는 소망으로 죽음을 견뎌내라고 격려합니다. 예수의 죽음에도 불구하고 기뻐하라고 말입니다. 그것이 믿음입니다. 그러나 끝까지 혼란스러운 제자들, 믿음의 길을 가로막는 죽음의 위력. 종종 그렇게 끌려갔던 우리의 삶을 보는 것 같아, 다시 묻게 됩니다. 나는 어디쯤 있는가?

제자들의 두 번째 이야기

그렇듯 죽음이 두렵고 예수의 부재가 준비되지 않은 상황에서, 제자들이 막달라 마리아의 한마디에 다시 일어서기는 어려웠습니다. 그들이 빈 무덤을 보았지만 말입니다. 부활은 확실히 시간을 필요로 합니다. 제자들은 두려웠습니다. 예수가 자신들과 함께하지 않는다는 것만으로도 충분히 두려운 일이지만, 아마도 자신들에게 닥칠 후폭풍도 두려움을 배가시켰을 것입니다. 예수의 시체가 없어진 것을 알게 된 대제사장들과 장로들은, 제자들이 예수의 시체를 도적질한 것으로 꾸미는 상황이었으니, 부활의 기쁨을 운운할 겨를이 없었을 것입니다(마 28:11-15). 언제 군인들이 들이닥칠지, 그들에게 어떤 위험이 펼쳐질지, 한 치 앞도 알 수 없는 상황입니다. 마리아로부터 예수의 부활 소

식을 듣고도, 꽁꽁 잠근 문은 그들의 두려움을 그대로
상징합니다(요 20:19).

그 두려움 가득한 집으로 예수가 찾아왔고, 이렇게
말했습니다.

> …너희에게 평화가 있기를!….
>
> 요한복음 20:19

아마도 그들에게 필요한 것이 평화였고, 이 평화는 당
장의 두려움과 불안을 넘어서 제자들의 삶을 바꿀 것
이지만, 제자들은 예수의 평화에 호응하지 못합니다.
그들은 놀랐으며 무서웠습니다. 자신들이 귀신을 본
다고 생각했습니다(눅 24:37-38). 예수가 살과 뼈가 있
는 자신의 몸을 보여 주었지만, 그들은 믿지 못했고,
예수는 자신의 부활을 증명해야 하는 난감한 상황에
처했습니다.

그들은 너무 기뻐서, 아직도 믿지 못하고 놀라워하고
있는데, 예수께서 그들에게 말씀하셨다. "여기에 먹
을 것이 좀 있느냐?" 그래서 그들이 예수께 구운 물

 제자들의 두 번째 이야기

고기 한 토막을 드렸다. 예수께서 받아서, 그들 앞에서 잡수셨다.

누가복음 24:41-43

아마도 예수는 상상했을지도 모릅니다. 내가 다시 그들에게 가면, 그들이 얼마나 기뻐할까! 나를 다시 보았을 때, 근심과 걱정이 사라진 그들의 모습은 어떨까! 그러나 무엇을 상상하든 그 이하였습니다.

'너무 기뻐서, 믿지 못했다'는 말은 가여운 표현입니다. 그들은 그저 믿지 못했습니다. 부활이 진정한 기쁨이 되어 그들의 삶을 이끌기까지는 여전히 시간이 필요했습니다. 눈앞에 예수가 있더라도 말입니다. 예수는 몸으로 자신을 증명했을 뿐 아니라, 자신의 말을 기억나게 하며 그들이 그 말씀을 깨닫도록 합니다(눅 24:44-49). 눈에 보이는 것을 넘어 하나님의 말씀을 깨달을 때, 그 여정의 끝에 부활의 평강과 기쁨이 있습니다. 부활의 주체는 하나님이기 때문입니다. 죽는 것은 예수이지만, 살리는 것은 하나님입니다. 하나님의 말씀으로, 하나님의 사랑과 능력을 깨달을 때 부활은 드러납니다.

그러나 보고도 믿지 못한 제자들이었으니, 보지 못했다면 어떠했겠습니까? 열두 제자 중 하나로서 디두모라 불리는 도마는 예수가 제자들에게 왔을 때, 거기에 있지 않았습니다. 다른 제자들이 "우리는 주님을 보았소"라고 말했지만(요 20:25), 도마는 그들에게 이렇게 말했습니다.

> …"나는 내 눈으로 그의 손에 있는 못 자국을 보고,
> 내 손가락을 그 못 자국에 넣어 보고, 또 내 손을 그
> 의 옆구리에 넣어 보지 않고서는 믿지 못하겠소!"….
>
> 요한복음 20:25

도마의 불신앙이 극에 달하는 장면입니다. 그러나 도마만 이렇게 믿음이 없는가, 라는 질문을 하게 되는 장면이기도 합니다. 사실, 도마는 다른 제자들과 큰 차이가 없습니다. 다른 제자들도 막달라 마리아가 전한 소식을 믿지 않았고, 음식을 먹고 있는 눈앞에 선 예수를 믿지 못했습니다. 도마는 그 자리에 없었으니, 예수의 살과 뼈를 보아야겠다는 것이 과한 불신앙으로 생각되지는 않습니다. 불신앙의 특징이 그렇습니다.

조금 적은 불신앙과 조금 많은 불신앙을 나누는 것은 의미가 없습니다. 강도의 차이와 상관없이 그저 못 믿는 것은 똑같습니다. 도토리 키 재기 같은 것입니다. 도마는 다른 제자들과 별반 다를 것 없는 반응을 보였을 뿐입니다.

그리고 예수가 다시 왔습니다. 이때도 문이 잠겨 있었습니다(요 20:26). 예수의 여전한 인사, "너희에게 평화가 있기를"(요 20:26)은 의례적인 유대적 인사일 수도 있지만, 또한 여전히 불안한 제자들에 대한 위로이기도 합니다. 그들이 부활한 예수에게 안착하기 바라는 마음 같은 것 말입니다. 예수는 도마에게 말합니다.

예수 네 손가락을 이리 내밀어서 내 손을 만져 보고, 네 손을 내 옆구리에 넣어 보아라. 그래서 의심을 떨쳐 버리고 믿음을 가져라.

도마 나의 주님, 나의 하나님!

예수 너는 나를 보았기 때문에 믿느냐? 나를 보지 않고도 믿는 사람은 복이 있다.

요한복음 20:27-29

     제자들의 두 번째 이야기

예수가 하나님이라는 고백, 이 이상의 고백은 없습니다. 그러나 예수는 보지 않고, 이런 고백을 했으면 좋았겠다고 말합니다. 이미 전해진 말들로 충분했다는 말입니다. 도마의 고백은 놀라운 것이지만 빛이 바랬습니다. 자신의 '봄'에 의지했기 때문입니다. '봄'은 그렇게 믿을 만하지 않습니다. 그 모든 것은 순간적이며 제한적입니다. '봄'은 인간적 능력이니 말입니다. '봄'은, 그것이 믿음으로 단단해지기 전까지는, 늘 흔들림의 원인이기도 합니다. 예수를 보았던 많은 사람이 그렇게 예수를 떠났습니다.

그래서 예수는 말씀을 깨달을 때까지 가르치고 또 가르쳤던 것 같습니다(눅 24:44-49). 하나님의 말씀의 신실함이 인간적 능력을 넘어서기 때문입니다. 그럼에도 예수는 이렇게 흔들리는 제자들에게 그의 증인이 되라는 명령을 내립니다.

열한 제자가 갈릴리로 가서, 예수께서 일러주신 산에 이르렀다. 그들은 예수를 뵙고, 절을 하였다. 그러나 의심하는 사람들도 있었다. 예수께서 다가와서, 그들에게 말씀하셨다. "나는 하늘과 땅의 모든 권세를 받았다. 그러므로 너희는 가서, 모든 민족을 제자로 삼아서, 아버지와 아들과 성령의 이름으로 세례를 주고, 내가 너희에게 명령한 모든 것을 그들에게 가르쳐 지키게 하여라. 보아라, 내가 세상 끝 날까지 항상 너희와 함께 있을 것이다."

마태복음 28:16-20

이 마지막 명령이 아직도 의심하는 사람들에게 내려졌다는 것은 놀라운 일입니다. 그들의 '언젠가'를 기다리는 마음일 것입니다. '세상 끝 날까지 예수가 함께한다'는 믿음으로 그들이 두려움과 의심을 이겨 낼 것이라는 마음이, 예수에게 있었나 봅니다. 그렇게 우리를 기다리는 예수와 함께하는 것, 그렇게 '봄'이 아니라 '말씀'에 의지하여 죽음 너머의 예수와 함께 가는 것, 그것이 믿음입니다.

 제자들의 두 번째 이야기

엠마오로 가는 제자들

예수의 죽음과 부활에 관련해서는 의외의 인물들이 많이 나옵니다. 우리에게 익숙한 열두 제자 밖에 있던 낯선 사람들입니다. 예수의 죽음과 부활에 대한 소문을 들었지만 예루살렘을 떠나 엠마오로 가던 사람들이 등장합니다. 이런저런 이야기를 하며 걷던 중, 그들은 부활한 예수를 만납니다. 그리고 그들과 예수 사이에 긴 대화가 이어집니다.

예수 당신들이 걸으면서 서로 주고받는 이 말들은 무슨 이야기입니까?

그들 예루살렘에 머물러 있었으면서, 이 며칠 동안에 거기에서 일어난 일을 당신 혼자만 모른단 말입니까?

예수 무슨 일입니까?

그들 나사렛 예수에 관한 일입니다. 그는 하나님과 모든 백성 앞에서, 행동과 말씀에 힘이 있는 예언자였습니다. 그런데 우리의 대제사장들과 지도자들이 그를 넘겨주어서, 사형선고를 받게 하고, 십자가에 못 박아 죽였습니다. 우리는 그분이야말로 이스라엘을 구원하실 분이라는 것을 알고서, 그분에게 소망을 걸고 있었던 것입니다. 그뿐만 아니라, 그런 일이 있은 지 벌써 사흘이 되었는데, 우리 가운데서 몇몇 여자가 우리를 놀라게 하였습니다. 그들은 새벽에 무덤에 갔다가, 그의 시신을 찾지 못하고 돌아와서 하는 말이, 천사들의 환상을 보았다는 것입니다. 천사들이 예수가 살아 계신다고 말했다는 것입니다. 그래서 우리와 함께 있던 몇 사람이 무덤으로 가서 보니, 그 여자들이 말한 대로였고, 그분은 보지 못하였습니다.

예수 어리석은 사람들입니다. 예언자들이 말한 모든 것을 믿는 마음이 그렇게도 무디니 말입니다. 그리스도가 마땅히 이런 고난을 겪고서, 자기 영광에 들어가야 하지 않겠습니까?

누가복음 24:17-26

 엠마오로 가는 제자들

그들은 예수의 행적을 잘 알고 있는 사람들입니다. 그들이 예수에 대해서 말하는 것을 보면, 그들은 제자가 분명합니다. 그러나 다른 유명한 제자들이 그랬던 것처럼, 그들은 예수의 구원을 기대하면서도 예수의 부활을 믿지 못합니다. 그들이 부활을 믿었더라면 예루살렘을 떠날 이유가 없었을 것입니다. 그리고 이제 부활한 예수를 만나서도 그들의 눈은 가려져 있습니다(눅 24:16). 그들은 보지만 보지 못하는 자들입니다.

이것이 '봄'의 허구성입니다. 보는 것이 절대적이지 않은 이유입니다. 보는 것을 넘어 이미 충분히 전해진 말씀을 통해서 믿음은 자랍니다. 그러므로 예수는 그들에게 모세와 모든 예언자에서부터 시작하여 성경 전체에서 예수에 관하여 써 놓은 일을 그들에게 설명합니다(눅 24:27). 그리고 목적지에 이르러, 예수는 그들과 함께 저녁을 먹습니다. 그때 예수가 빵을 들어서 축복하고, 떼어서 그들에게 주었습니다(눅 24:30). 이때 놀라운 일이 일어났습니다. 그동안 가려졌던 그들의 눈이 열린 것입니다. 그들은 그제야 예수를 알아보았습니다(눅 24:31). 보지 못했던 그들의 눈이 효용성을 되찾는 순간입니다. 그러나 여기서 또다시 반전이 일어납니다. 그렇게 갑자기 찾아왔던 예수는 갑자기 사라집니다. 이제 겨우 눈을 떴는데, 예수는 없습니다. 새로운 눈의 효용성이 발휘되어야 하는 순간입니다. 눈을 떴지만 예수는 사라졌고, 이제 예수를 볼 수 없게 되었지만, 새로운 눈은 없는 예수를 보며 그 예수를 믿는 믿음으로 이끌 것이기 때문입니다.

그들은 길에서 예수가 그들에게 말하며 성경을 풀이해 줄 때, 그들의 마음이 뜨거워졌던 것을 기억해 냈습니다(눅 24:32). 이 기억이 그들 안에 새로운 눈을 만든 것입니다. 눈앞에 예수가 있어도 볼 수 없는 눈, '내가 보면 믿겠다'고 호언장담하는 눈은 아무런 의미가 없습니다. 그 눈은 믿음을 보장할 수 없습니다. 예수가 도마에게 원했던 것은 '보지 않고 믿는 것'이었고, 이는 보이지 않는 것을 보는 눈으로부터 시작됩니다. 엠마오로 가던 제자들에게 비로소 생긴 눈입니다. 보이지 않는 것을 믿는 눈, 마음의 뜨거움과 함께 열린 눈, 그 눈은 지금 눈앞에 없는 예수의 부활을 경험하면서 생긴 눈입니다. 그 눈은, 이제 더 이상 죽음을 두려워하지 않게 합니다. 그 눈은 모든 두려움을 떨치고 다시 예루살렘으로 가서 '보지 않고도 믿을 수 있는 예수의 부활'을 전하게 합니다(눅 24:33-35).

이렇게 부활의 증인들이 쌓여 갑니다. 결국 보이지 않는 것을 보는 눈들이 모여서, 예수의 부활뿐 아니라 예수의 다시 옴도 기다립니다. 이것은 예수가 없는 때에도 예수가 함께한다는 사실을 믿는 것이며, 예수가 약속한 성령이 오리라는 사실을 믿는 것이며, 하늘로 올라간 예수와 함께 하나님의 통치가 계속된다는 사실을 믿는 것입니다. 죽음을 넘어선 하나님의 승리로부터 진정한 믿음이 시작되기 때문입니다. 이제 그들은 두렵지도, 슬프지도 않습니다. 그러므로 하늘로 올라가는 예수를 경배하며 그들을 감싼 것은 진정한 기쁨입니다.

> 그들은 예수께 경배하고, 크게 기뻐하면서, 예루살렘으로 돌아가서, 하나님을 찬양하면서 날마다 성전에서 지냈다.
>
> 누가복음 24:52-53

이들의 큰 기쁨은 누가복음 24장 41절의 기쁨과 대조됩니다. 거기서 그들은 너무 기뻐서 믿지 못했습니다.

그것은 믿을 수 없을 만큼의 기쁨이 아닙니다. 거기서 기쁨은 일종의 장식과 같이 덧붙여졌을 뿐, 그들의 믿음과 연결되지 못한 포장지에 불과합니다.

그리스도 예수 안에서의 기쁨은 예수가 누구인지, 예수가 무엇을 했는지를 믿는 것과 연결되어야 합니다. 진정한 기쁨은 예수의 죽음과 부활, 그리고 다시 옴을 기다리는 24장 52절에서 드러납니다. 여기에 나오는 큰 기쁨이 진정한 기쁨입니다. 세상의 기쁨과 질적으로 다른 기쁨입니다. 이 기쁨은 새로운 눈을 가진 자들에게 찾아옵니다. 보이지 않아도, 만지지 않아도, 부활한 예수와 동행하는 것으로부터 큰 기쁨이 시작됩니다. 언제일지 모르는 기다림 속에서 하나님의 통치를 믿는 것은 큰 기쁨 때문입니다. 죽음이 앞을 막아설 때, 문을 닫고 숨어 있는 것이 아니라 성령에 의지해 문밖으로 나아가는 것도 큰 기쁨 때문입니다.

그러므로 큰 기쁨은 일상으로 돌아가서 해야 할 일을 하게 합니다. "…너희는 위로부터 오는 능력을 입을 때까지…"(눅 24:49) 성에 머무르라는 명령에 따라 날마다 성전에서 지냈던 제자들이, 성령을 받고(행 2:1-13), 복음을 전하러 갔던 것처럼 말입니다. 기다리

 엠마오로 가는 제자들

며 나아가는 그들의 모든 발걸음을 움직인 것은 큰 기쁨이 주는 힘이었습니다. 그 길에서 그들은 죽음과 고난을 경험할 것이지만, 그럼에도 불구하고 나아갈 수 있는 것이 큰 기쁨이 주는 힘입니다. 그것이 바로 예수의 부활이 주는 힘입니다. 이 힘으로 죽음을 넘어서는 하나님을 소망한다면, 그것을 믿음이라고 합니다.

베드로의 첫 번째 이야기

제자들의 이야기로 뭉뚱그릴 수 없는 사람이 있습니다. 베드로입니다. 그의 이야기는 예수의 죽음에 대한 예고부터 시작하면 좋을 듯합니다. 예수가 제자들에게 물었습니다. "너희는 나를 누구라고 하느냐?" 그러자 베드로가 답합니다. "선생님은 그리스도이십니다"(막 8:29). 곧이어 예수는 자신의 죽음에 대한 첫 번째 예고를 합니다. 그것은 마가복음 8장 31절에 나옵니다. 그런데 예수를 그리스도로 고백한 베드로는, 예수의 죽음을 받아들일 수 없었던 것 같습니다. 이에 대한 베드로의 반응은 매우 파격적입니다.

예수께서 드러내 놓고 이 말씀을 하시니, 베드로가 예수를 바싹 잡아당기고, 그에게 항의하였다.

베드로가 무엇이라고 항의했는지 알 수 없습니다.

그러나 다음과 같은 예수의 반응을 보면, 베드로가 예수의 죽음을 이해하지 못한 것이 확실해 보입니다.

…예수께서는 돌아서서, 제자들을 보시고, 베드로를 꾸짖어 말씀하셨다. "사탄아, 내 뒤로 물러가라. 너는 하나님의 일을 생각하지 않고, 사람의 일만 생각하는구나!"

마가복음 8:33

예수를 안다고 생각한 순간, 베드로는 자신이 예수를 제대로 알지 못한다는 사실에 직면해야 합니다. 그것은 예수의 죽음 때문입니다. 예수를 안다는 것은 예수의 죽음을 안다는 것이고, 그것은 또한 하나님을 안다는 것입니다. 예수와 그의 죽음을 분리시키면서, 예수를 안다고 하는 것은 허구입니다. 베드로가 예수와 마지막 만찬을 나눌 때도 마찬가지입니다. 죽음이 급박하게 다가오고 있는 상황에서, 예수는 제자들에게 마지막 일들을 말하며 제자들이 준비할 수 있도록 합니다.

예수　너희가 모두 걸려서 넘어질 것이다. 성경에 기록하기를 '내가 목자를 칠 것이니, 양 떼가 흩어질 것이다' 하였기 때문이다. 그러나 내가 살아난 뒤에, 너희보다 먼저 갈릴리로 갈 것이다.

베드로　모두가 걸려 넘어질지라도, 나는 그렇지 않을 것입니다.

예수　내가 진정으로 너에게 말한다. 오늘 밤에 닭이 두 번 울기 전에, 네가 세 번 나를 모른다고 할 것이다.

베드로　내가 선생님과 함께 죽는 한이 있을지라도, 절대로 선생님을 모른다고 하지 않겠습니다(나머지 모두도 그렇게 말하였다).

마가복음 14:27-31

예수의 죽음 후에, 제자들은 고통스러울 것입니다. 그러나 그들은 그것을 끝이라고 생각해서는 안 됩니다. 예수는 다시 갈릴리로 갈 것이고 거기서 그들을 기다리고 있을 것입니다. 예수는 부활을, 새로운 시작을 이야기합니다. 그것이 그들에게 희망이 될 수 있도록 말입니다. 잠시의 흩어짐 따위는 별것 아니라는 위로인 듯 보입니다.

이 고마운 위로에 대한 베드로의 반응은, 첫 번째 죽음 예고에서처럼 무언가 박자가 맞지 않습니다. 그는 자신만은 결코 예수를 떠나지 않을 것이라고 단언합니다. 베드로의 방점은 '흩어짐'에 있습니다. 그러나 예수에게 '흩어짐'은 문제가 아닙니다. 어쩌면 그들이 예수의 죽음에 걸려 넘어질 수 있다는 것은 상상 가능한 일입니다. 너무나 충격적인 일이니 말입니다. 중요한 것은, 희망이 있다면 언제든지 그 어둠의 골짜기를 넘어설 수 있으리라는 믿음입니다. '갈릴리에서 다시 만나자!' 예수는 그 희망이면 충분하리라 생각했던 것 같습니다. 그러나 베드로는 예수의 희망에 닻을 내리기 전에 자신의 확신에 먼저 안착했습니다. 자신은 절대 그렇게 걸려 넘어질 사람이 아니라고 말입니다.

예수의 죽음을 이해하지 못하니, 자신에게 닥칠 고난을 넘어서는 법도 알지 못합니다. 고난과 죽음을 견딜 수 있는 것은, 죽음 너머에 대한 희망이지 자신에 대한 믿음이 아닙니다. 인간은 죽음의 파고를 넘을 수 없는 존재입니다. 죽음 너머를 바라볼 수 없는, 눈이 가려진 사람의 고백은 그래서 처량하기만 합니다. 예수가 베드로에게 한 말이 곧바로 이루어졌기 때문입니다. 예수는 유다가 몰고 온 사람들에 의해서 잡혔고 대제사장에게 끌려갔습니다. 예수가 대제사장으로부터 심문을 받을 때, 베드로는 바깥에서 불을 쬐고 있었습니다. 이때 대제사장의 하녀가 와서 베드로를 노려보며 물었습니다.

하녀 당신도 저 나사렛 사람 예수와 함께 다닌 사람이지요?

베드로 네가 무슨 말을 하는지, 나는 알지도 못하고, 깨닫지도 못하겠다(그리고 바깥뜰로 나갔다).

하녀 이 사람은 그들과 한패입니다.

베드로 (다시 부인하였다.)

사람들 당신이 갈릴리 사람이니까 틀림없이 그들과 한패일 거요.

베드로 (저주하고 맹세하여 말하였다.) 나는 당신들이 말하는 그 사람을 알지 못하오.

그러자 곧 닭이 두 번째 울었다. 그래서 베드로는 예수께서 자기에게 "닭이 두 번 울기 전에, 네가 나를 세 번 모른다고 할 것이다" 하신 그 말씀이 생각나서, 엎드려서 울었다.

마가복음 14:67-72

대제사장의 집 안에서 예수는 심문을 받고 있습니다. 그는 죽음을 건너가고 있습니다. 그러나 같은 시각 베드로는 대제사장의 집 밖에서 죽음의 문턱을 넘지 못한 채 허우적거리고 있습니다. 자신의 굳은 확신을 뒤집으면서 말입니다. 그는 예수의 죽음을 넘지 못했습니다. 예수의 죽음을 넘지 못하니 예수의 부활을 알지 못할 것은 뻔합니다. 예수의 부활을 알지 못한다면, 믿음은 언제나 흔들릴 것도 분명합니다. 고난과 죽음 앞에서, 좌절하고 분노하며 숨고 부정하면서 말입니다. 소망이 없는 믿음은 방향을 잃고 결국 하나님을 볼 수 있는 눈도 가려질 것입니다. 눈이 가려져 있다면, 그 입에서 나오는 찬란한 고백도 허무하게 빛바랠 것입니다.

베드로의 두 번째 이야기

예수의 빈 무덤을 보기도 하고 부활한 예수를 만나기도 했지만, 그렇다고 믿음의 길이 단단해지는 것은 아닙니다. 그렇게 보았지만 여전히 흔들리고, 불안하며, 방황합니다. 사람은 누구나 그렇습니다. 그래서 '보지 않고 믿는 사람의 복'이 정말 귀하다는 생각이 듭니다. 베드로의 마지막 이야기는 디베랴 바다를 배경으로 합니다. 베드로는 다시 고기를 잡으러 가야겠다고 결심했고 몇몇 사람이 그와 함께했습니다(요 21:2-3). 그렇게 사람을 낚는 베드로에서 다시 고기를 낚는 시몬으로 돌아간 것입니다. 그리고 밤이 새도록 허탕 친 어느 날 아침, 그들을 찾아온 예수를 만납니다. 예수는 그들을 위해서 숯불을 피워 놓고 그들의 아침을 준비해 두고 있었습니다(요 21:3-14).

그 아침 식사는 참 멋쩍은 자리였을 것입니다. 그러나 흩어짐이 아니라 다시 만나는 것이 중요하다는 사실을 알려 주는 자리이기도 했을 것입니다. 걸려 넘어질 수도 있고, 도망쳐 숨어 있을 수도 있습니다. 자신의 호언장담을 물거품으로 만들 수도 있습니다. 그러나 중요한 것은 다시 일어서는 것입니다. 이 일어섬조차 인간이 아니라 예수로부터 시작되는 것이기는 하지만 말입니다. 예수는 베드로와 제자들을 일으키고 그들과 다시 만나 새로운 시작을 하기 위해서 디베랴에 왔습니다. 이때 예수가 내미는 손을 잡는 것이 믿음입니다. 베드로는 예수와 아침 식탁을 나누면서 예수의 손을 잡습니다. 그리고 예수의 질문에 응답하면서 자신을 돌아봅니다. 자신이 이제 정말로 죽음을 넘어설 수 있는 사람인지 말입니다.

예수　요한의 아들 시몬아, 네가 이 사람들보다 나를 더 사랑하느냐?

베드로　주님, 그렇습니다. 내가 주님을 사랑하는 줄을 주님께서 아십니다.

예수　내 어린 양 떼를 먹여라. 요한의 아들 시몬아,

　베드로의 두 번째 이야기

네가 나를 사랑하느냐?

베드로 주님, 그렇습니다. 내가 주님을 사랑하는 줄을 주님께서 아십니다.

예수 내 양 떼를 쳐라. 요한의 아들 시몬아, 네가 나를 사랑하느냐?

베드로 (예수께서 "네가 나를 사랑하느냐?" 하고 세 번이나 물으시므로, 불안해서) 주님, 주님께서는 모든 것을 아십니다. 그러므로 내가 주님을 사랑하는 줄을 주님께서 아십니다.

예수 내 양 떼를 먹여라.

요한복음 21:15-18

예수는 자신에 대한 사랑을 물어봅니다. 그런데 예수의 질문은 두 가지로 해석이 가능합니다. 다른 사람이 예수를 사랑하는 것보다 베드로가 더 많이 예수를 사랑하는지를 묻는 것일 수도 있고, 베드로가 다른 것들보다 예수를 더 많이 사랑하는지를 묻는 것일 수도 있습니다. 전자는 예수와 맞지 않는 것 같습니다. 예수가 베드로의 사랑과 다른 사람의 사랑을 굳이 비교하며 베드로의 사랑을 확인할 필요는 없을 것이기 때문입니다. 베드로에게는 베드로의 사랑이 있으니, 베드로는 그 사랑을 보이면 될 뿐입니다. 아마도 의미는 후자인 듯합니다. 베드로가 예수를 사랑하는 데 있어서, 우선순위가 어디에 있는지 말입니다. 단순히 말하자면, 베드로가 물고기를 낚는 일과 사람을 낚는 일 중 무엇을 더 중하게 여기는지의 문제일 것입니다.

예수를 따르기 위해서 그물을 버린 베드로, 예수를 위해서 죽기도 두려워하지 않던 베드로, 그 베드로가 모두 가짜이지는 않을 것입니다. 베드로는 예수를 따르면서도, 그것을 진짜로 만들 수 있는 방법을 몰랐습니다. 그래서 어느 순간, 자신도 모르게 자신이 소중하게 생각하던 모든 것이 가짜가 되는 슬픈 현실에 직면했습니다. 믿음을 위해 모든 것을 버린 시간들을 송두리째 헛것으로 만드는 순간들이 있었습니다. 그러나 예수는 이제 다시 시작하러 왔습니다. 예수의 질문은, 이 새로운 시작에서, 그동안 놓쳤던 것을 재정비합니다. 무엇이 베드로의 인생에서 최우선이 되겠는지 말입니다. 그것을 알아야, 이전과 같은 실패를 반복하지 않을 것이기 때문입니다. 무엇인가? 진정으로 네가 사랑하는 것은! 무엇인가? 진정으로 네가 갖고 싶은 것

　　베드로의 두 번째 이야기

은! 무엇인가? 진정으로 네가 두려워하는 것은!

베드로의 답변은 모호합니다. 베드로의 말에서 주어는 자신이 아니라 예수이기 때문입니다. '내가 예수를 사랑합니다'가 아니라 '내가 예수를 사랑하는 줄을 예수가 압니다'입니다. 확신에 차서, "…모두가 걸려 넘어질지라도, 나는 그렇지 않을 것입니다"(막 14:29)라고 말했던 베드로는 디베랴에 없습니다. 베드로가 변한 것 같습니다. 베드로는 더 이상 자신을 확신할 수 없게 된 듯합니다. 자신의 눈으로 보고 입으로 했던 말들이 얼마나 공허한 것인지 알게 된 것 같습니다. 자신의 사랑조차도 자신이 아니라 예수에게 확인을 받아야 안심할 수 있게 된 것 같습니다. 아마도 이제야 자신과 예수의 차이를 깨닫게 되었던 것 같습니다. 예수는 죽음을 넘어선 존재라는 사실을 말입니다. 자신은 언제나 흔들리는 변수이지만, 예수는 언제나 절대적인 상수라는 사실을 말입니다.

예수에 대한 자신의 사랑은 자신이 아니라 예수에 의해 확정된다는 것을, 예수가 그 사랑을 붙잡아 주어야 한다는 사실을, 베드로는 이제야 깨달은 듯합니다. 예수를 중심으로 재편된 베드로의 사랑에, 예수는 양을 먹이라는 사명으로 응수합니다. 이 사명은 베드로의 사랑에 대한 예수의 보증입니다. 예수가 베드로의 사랑을 믿으니 자신의 양을 맡기는 것일 테니 말입니다. 그러나 여기에는 다음과 같은 조건이 붙습니다.

> 내가 진정으로 진정으로 네게 말한다. 네가 젊어서는 스스로 띠를 띠고 네가 가고 싶은 곳을 다녔으나, 네가 늙어서는 남들이 네 팔을 벌릴 것이고, 너를 묶어서 네가 바라지 않는 곳으로 너를 끌고 갈 것이다.
>
> 요한복음 21:18

베드로가 예수를 사랑한다면, 베드로가 예수의 양을 먹이려고 한다면, 이제 베드로는 마음대로 할 수 없습니다. 죽음에서 도망칠 수도 없습니다. 두렵다고 숨을 수도 없습니다. 절망을 핑계로 주저앉을 수도 없습니다. 이제는 바라지 않는 곳으로, 무엇이 있을지 모르는 곳으로 가야 합니다. 베드로는 이제 그럴 수 있는 사람이 될 것입니다. 조금의 주저함과 머뭇거림이 있을지라도, 그는 이제 멈추고 돌아서지 않을 것입니다. 그도 죽음의 강을 건넜기 때문입니다. 그는, 디베랴로 찾아온 예수를 통해서, 예수의 죽음이 가져온 생명을 경험했고, 예수의 죽음을 통해서, 자신의 죽음을 넘어서는 법을 배웠습니다. 그는 이제 진정으로 눈이 열려 죽음 너머의 희망을 보았습니다.

스데반

그렇게 죽음을 넘어선 사람들에 의해서 낯선 땅, 낯선 사람들에게까지 복음이 전파되었습니다. 부활의 소망이 없었다면, 그것으로부터 시작하지 않았다면 복음은 그토록 험난한 산을 넘을 수 없었을 것입니다. 복음이 전파되고 교회가 부흥하는 것은, 믿는 사람이 많아지는 것으로 증명됩니다. 그러나 눈에 보이는 이러한 현상이 반드시 긍정적인 효과만 있는 것은 아닙니다. 늘어난 사람들만큼 갈등도 증폭되기 때문입니다. 유대인들을 중심으로 형성되었던 교회에 이방인들이 들어오면서 갈등이 생겼습니다. 유대인과 이방인이라는 인종적 차이만이 아니라 그들이 가진 문화적 차이가 갈등을 유발했을 것입니다. 교회가 유대적 배경을 가진 히브리파 그리스도인과 이방적 배경을 가진 헬라파 그리스도인으로 구성되면서 이들 간에 문제가 발생했습니다. 사도행전 6장의 이야기입니다.

제기된 문제는 구제에 관한 것인 듯합니다. 구제에서 불합리하게 배제되었다는 헬라파 그리스도인들의 원망이 있었습니다. 이것을 해결하기 위해서 그들을 담당할 일곱 명의 사람을 뽑았고 그들을 집사라 불렀습니다. 그러나 그들의 면면을 보면, 집사들이 단지 구제와 같은 업무만을 담당한 것은 아닌 것 같습니다. 스데반의 경우도 그렇지만, 빌립도 마찬가지입니다(행 8:5-40; 21:8). 집사들은 복음을 전하는 일들을 했습니다. 아마도 이들이 헬라파 그리스도인들을 담당하는 만큼 그들이 복음을 전하는 대상도 주로 이방인이었을 것이며, 이방인들이 이해할 수 있는 복음의 확장성을 가지고 있었을 것입니다. 스데반 집사는 복음을 전하는 사람이었고, 유대인이 생각하는 것보다 훨씬 파격적으로 복음을 이해했던 것 같습니다.

리버디노 회당에 속한 사람들이 스데반이 전하는 복음의 문제로 그와 논쟁을 벌였지만, 그들은 스데반을 당해 낼 수 없었습니다(행 6:8-10). 그러자 그들은 다음과 같이 사람들을 선동했습니다.

…그들은 사람들을 선동하여 "스데반이 모세와 하나
님을 모독하는 말을 하는 것을 우리가 들었습니다"
하고 말하게 하였다. 그리고 백성과 장로들과 율법
학자들을 부추기고, 스데반에게로 몰려가 그를 붙잡
아서, 공의회로 끌고 왔다. 그리고 거짓 증인들을 세
워서, 이렇게 말하게 하였다. "이 사람은 쉴 새 없이
이 거룩한 곳과 율법을 거슬러 말을 합니다. 이 사람
이, 나사렛 예수가 이곳을 헐고 또 모세가 우리에게
전하여 준 규례를 뜯어 고칠 것이라고 말하는 것을,
우리가 들었습니다."

사도행전 6:11-14

그들의 선동과 모함은 예수에게 했던 것과 똑같습니
다. 그들에 따르면, 스데반은 반율법적이며 반성전적
이며, 반하나님적입니다. 스데반을 죽음으로 몰아넣기
에 알맞은 죄명들입니다. 과장된 죄명이라고 하더라
도, 이것을 거꾸로 짚어 보면, 예수나 스데반이 유대교
에 대해서 얼마나 새로운 말을 했는지 짐작할 수 있습
니다. 공회에 잡혀간 스데반의 마지막 변론은 7장에
나옵니다. 그런데 스데반의 이 설교는 성경에 나타난

 스데반

하나님이 어떤 존재인지, 오히려 유대인들의 믿음이 얼마나 반율법적인지를 폭로합니다. 스데반은 자신이 무엇을 믿는지를 드러내기 위해서 '우리 조상 아브라함'에서부터 이야기를 시작합니다(행 7:2).

그러나 스데반의 관심은 아브라함 자체가 아니라 아브라함과 함께한 하나님입니다. 그리고 그 하나님이 아브라함과 함께 움직였다는 것입니다. 메소포타미아에서 하란으로, 그리고 이집트의 노예 생활과 광야를 거쳐 지금의 유대 땅으로 오기까지의 긴 역사 동안, 하나님이 자신의 백성과 함께한 역사들이 줄줄이 나열됩니다(행 7:2-45). 그리고 마침내 왕조가 만들어지고 다윗과 솔로몬이 그렇게 원하던 성전을 지은 이야기가 나옵니다. 성전은 이스라엘 역사의 하이라이트라고 할 수 있습니다. 성전은 하나님이 머무는 곳이고, 지구의 중심이며, 이스라엘이 하나님의 백성이라는 징표이기 때문입니다. 그러나 이 장구한 역사의 정점에서 스데반은 다음과 같이 이야기합니다.

그런데 지극히 높으신 분께서는 사람의 손으로 지은 건물 안에 거하지 않으십니다. 그것은 예언자가 말하

기를 '주님께서 말씀하신다. 하늘은 나의 보좌요, 땅
은 나의 발판이다. 너희가 나를 위해서 어떤 집을 지
어 주겠으며 내가 쉴 만한 곳이 어디냐? 이 모든 것이
다 내 손으로 만든 것이 아니냐?' 한 것과 같습니다.

사도행전 7:48-50

하나님은 세상을 창조하였고 자신이 만든 세상 어디
든 갈 수 있습니다. 그러기에 아브라함으로부터 이어
지는 역사의 모든 시간과 공간에서 하나님은 늘 움직
이며 존재했습니다.

성전은 하나님의 집일 수 없습니다. 성전은 창조주
하나님을 온전히 담을 수 없기 때문입니다. 누군가가
하나님을 성전에 붙잡아 놓으려고 한다면, 그는 스스
로 반하나님적이라는 사실을 드러낼 뿐입니다. 그러
므로 이렇게 성경에 근거한 이야기를 하는데 스데반
을 죽이려고 한다면, 그것은 또한 예언자들을 죽인 그
들의 조상의 못된 행위를 따르는 것일 뿐입니다. 오히
려 그들이 율법을 지키지 않는 반율법적인 사람들이
라는 사실을 드러내면서 말입니다(행 7:51-53). 스데반
의 설교에 사람들은 격분했고, 돌을 들었지만, 스데반

        스데반

은 두렵지 않았습니다. 두려움 없이 자신의 죽음에 직면할 수 있는 것, 그것은 신비라는 말 외에 달리 표현할 길이 없습니다. 죽음은 모든 사람의 두려움이며 넘기 어려운 산이기 때문입니다. 더욱이 복음을 전하다 직면하는 죽음은 어쩌면 이해하기 어려운 것이기도 합니다. 자신에게 아무 유익도 없는 것을 위해서 죽음을 불사하다니 말입니다. 우리를 위한 예수의 죽음이 그렇고, 복음을 전하다 돌에 맞는 스데반이 그렇습니다.

그러나 다음과 같은 구절은 스데반의 담대한 얼굴을 보게 합니다.

…스데반이 성령이 충만하여 하늘을 쳐다보니, 하나님의 영광이 보이고, 예수께서 하나님의 오른쪽에 서 계신 것이 보였다. 그래서 그는 "보십시오, 하늘이 열려 있고, 하나님의 오른쪽에 인자가 서 계신 것이 보입니다" 하고 말하였다. 사람들은 귀를 막고, 큰 소리를 지르고서, 일제히 스데반에게 달려들어, 그를 성 바깥으로 끌어내서 돌로 쳤다. 증인들은 옷을 벗어서, 사울이라는 청년의 발 앞에 두었다.

사도행전 7:55-58

스데반이 천사의 얼굴로 죽음에 맞설 수 있는 것(행 6:15)은 그의 열린 눈 때문입니다. 그 열린 눈으로 스데반은 죽음에서 승리한 예수를 보았고, 그 예수의 영광은 그의 소망이 되었습니다. 성전 밖에서도 자유롭게 움직이며 구원하는 하나님이, 예수를 죽음에서 일으킨 하나님이라는 것을 확신했습니다. 공간의 장벽을 넘은 하나님은, 당연히 이방인이든 유대인이든 모든 인종적 장벽을 넘어, 그들 모두를 세상의 악으로부터 구원하리라는 것을 확신했습니다. 그러나 눈이 가리어진 사람들에게는 아무것도 보이지 않았고, 볼 수 없는 사람에게는 들을 귀도 없었습니다. 다만 누군가를 칠 돌만 보이는 사람들, 그들의 눈은 가엽습니다.

스데반

바울

바울은 스데반이 죽는 매우 비극적인 순간에 등장합니다. 그는 예수가 활동할 때 그의 제자가 아니었으며, 오히려 예수를 믿는 사람들을 박해하는 사람이었습니다. 이것은 바울의 사역 내내 그의 발목을 붙잡았습니다. 사도행전에서, 유다를 대신하여 새로운 제자를 뽑을 때 사도의 조건이 다음과 같이 제시됩니다.

그러므로 주 예수께서 우리와 함께 지내시는 동안에, 곧 요한이 세례를 주던 때로부터 예수께서 우리를 떠나 하늘로 올라가신 날까지 늘 우리와 함께 다니던 사람 가운데서 한 사람을 뽑아서, 우리와 더불어 부활의 증인으로 삼아야 할 것입니다.

사도행전 1:21-22

바울은 이 조건에 맞지 않았고, 때문에 적대자들은 바울의 권위와 정체를 늘 의심했습니다. 그가 과연 사도라고 불릴 자격이 있는지, 그가 전하는 복음이 맞는 것인지, 등. 언제나 십자가와 부활을 이야기하는 바울이었기에, 그는 복음을 위해서, 자신이 부활의 증인이라는 사실을 사람들에게 설득시켜야 했습니다. 그러므로 부활의 증인으로서 부활을 말하고 전할 충분한 자격이 자신에게 있다는 것을 바울은 다음과 같이 말합니다.

나도 전해 받은 중요한 것을 여러분에게 전해 드렸습니다. 그것은 곧, 그리스도께서 성경대로 우리 죄를 위하여 죽으셨다는 것과, 무덤에 묻히셨다는 것과, 성경대로 사흘날에 살아나셨다는 것과, **게바에게 나타나시고** 다음에 **열두 제자에게 나타나셨다**고 하는 것입니다. 그 후에 그리스도께서는 한 번에 **오백 명이 넘는 형제자매들에게 나타나셨는**데, 그 가운데 더러는 세상을 떠났지만, 대다수는 지금도 살아 있습니다. 다음에 **야고보에게 나타나시고**, 그다음에 **모든 사도들에게 나타나셨습니다.** 그런데 맨 나중에 달이 차지 못하여 난 자와 같은 **나에게도 나타나셨습니다.**

고린도전서 15:3-8

바울은 부활한 예수를 목격한 사람들의 명단을 제시합니다. 그것은 '게바-열두 제자-오백 형제자매-모든 사도-바울'로 이어집니다. 여기서 흥미로운 것은 '열두 제자'와 '모든 사도'입니다. 헬라어 원문을 보면, '열두 제자'로 번역된 것은 그냥 '열둘'로만 나옵니다. 바울은 그들에게 사도라는 명칭을 부여하지 않습니다. 그리고는 아마도 복음을 전하는 모든 사람에게 '모든 사도'라는 명칭을 사용하기를 주저하지 않습니다. 오백 명의 형제자매로까지 그 증인을 확장시키면서, 무엇으로 불리든, 예수의 죽음과 부활을 믿는 모든 사람에게 복음을 전할 자격과 사명의 정당성이 부여됩니다. 바울도 거기서 빠질 수 없습니다. 바울은 예수와 함께하지는 않았지만, 비록 예수 믿는 사람들을 박해하는 사람이었지만, 부활한 예수를 만났고 그로부터 새로운 복음의 사역자가 되었습니다.

사울이 길을 가다가, 다마스쿠스 가까이에 이르렀

을 때에, 갑자기 하늘에서 환한 빛이 그를 둘러 비추
었다. 그는 땅에 엎어졌다. 그리고 그는 "사울아, 사
울아, 네가 왜 나를 핍박하느냐?" 하는 음성을 들었
다. 그래서 그가 "주님, 누구십니까?" 하고 물으니
"나는 네가 핍박하는 예수다. 일어나서, 성 안으로 들
어가거라. 네가 해야 할 일을 일러 줄 사람이 있을 것
이다" 하는 음성이 들려왔다. 그와 동행하는 사람들
은 소리는 들었으나, 아무도 보이지는 않으므로, 말
을 못하고 멍하게 서 있었다. 사울은 땅에서 일어나
서 눈을 떴으나, 아무것도 볼 수가 없었다. 그래서
사람들이 그의 손을 끌고, 다마스쿠스로 데리고 갔
다. 그는 사흘 동안 앞을 보지 못하는 상태에서, 먹지
도 않고 마시지도 않았다.

사도행전 9:3-9

바울은, 눈을 멀게 하는 환한 빛과 소리를 통해서 예
수를 만났습니다. 그가 아무것도 볼 수 없이 환한 빛
에 둘러싸여 있을 때, 그의 감긴 눈이 무엇을 보았는
지는 알 수 없습니다. 그러나 그것이야말로 보지 않고
믿는 사람의 복이 임하는 순간이었던 것 같습니다. 그

　　　　　바울

는 볼 수 없었는데 보고야 말았습니다. 아나니아를 통해서 눈을 뜰 때까지 그는 아무것도 할 수 없었지만 (행 9:17-19), 눈을 떴을 때, 그는 새로운 사람이 되었습니다. 예수 믿는 사람을 박해하는 사람이 아니라, 예수를 위해서 기꺼이 박해받는 사람이 되었습니다. 그가 열린 눈으로 무언가를 보았기 때문일 것입니다. 다메섹에서 바울과 함께 있던 사람들은 볼 수 없었던 어떤 것을 말입니다. 그렇게 그는 부활의 증인이 되었습니다.

부활은 죽음으로부터 일으키는 하나님의 능력이며, 그러므로 온전히 하나님의 은혜입니다. 그 부활을 경험하고 부활한 예수를 믿는 것, 그것도 하나님의 은혜입니다. 바울이 '예수가 나타나셨다'(고전 15:5-8)라고 말한 것도, 바울이 강제적으로 눈이 먼 것(행 9:3-9)도 이런 의미일 것입니다. 우리가 그 예수를 본 것이 아니라, 그 예수가 우리에게 자신을 보임으로써, 우리가 부활한 예수를 만나기 때문입니다. 우리의 '봄'이 아니라 그의 '보임'으로 우리를 새로운 삶으로 이끈 그 은혜로, 우리는 고난을 견디며 죽음 너머 맡겨진 사명을 감당합니다. 바울처럼 하루하루 말입니다. 그래서 바울이 이렇게 고백했던 것입니다. "…나는 하나님의 은혜로 오늘의 내가 되었습니다…"(고전 15:10). 이는 부활한 예수를 따르는 우리의 고백이기도 합니다.

이 하나님의 은혜는 예수의 십자가를 통해서 드러납니다. 바울의 믿음은, 십자가를 '봄'으로 십자가에서 '보인' 하나님의 은혜에 도달하는 것입니다. 십자가가 죽음이 아니라 생명으로 이어지기 때문입니다. 십자가가 하나님의 능력이며 구원인 이유입니다(고전 1:18-24). 그러므로 이 십자가가 우리를 하나님의 능력인 부활의 소망으로 이끕니다. 십자가가 없다면 부활도 없지만, 부활이 없다면 십자가의 구원도 없습니다. 그리스도의 부활이 없으면 우리의 믿음이 헛되고 우리의 바람이 이 세상뿐이면 우리가 세상에서 가장 불쌍할 것이며(고전 15:17-19), 십자가의 고난을 견뎌 내지 못하면 부활을 말할 수도 없을 것입니다(고후 4:1-15). 부활은 죽음을 이긴 하나님의 승리를 선언하는 것이며 예수를 죽음으로 내몬 악을 이긴 하나님의 의를 드러내는 것이기 때문입니다. 그러므로 바울은 이렇게 선포합니다.

"죽음아, 너의 승리가 어디에 있느냐? 죽음아, 너의 독침이 어디에 있느냐?" 죽음의 독침은 죄요, 죄의 권세는 율법입니다. 그러나 우리 주 예수 그리스도를 통하여 우리에게 승리를 주시는 하나님께 우리는 감사를 드립니다. 그러므로 나의 사랑하는 형제자매 여러분, 굳게 서서 흔들리지 말고, 주님의 일을 더욱 많이 하십시오. 여러분이 아는 대로, 여러분의 수고가 주님 안에서 헛되지 않습니다.

고린도전서 15:55-58

부활은 죽음의 죽음입니다. 죽음을 이겨 얻게 된 생명, 악을 이겨 얻게 된 평화, 그것은 부활이 가져온 큰 기쁨입니다. 이 기쁨으로 바울은 고난을 자랑하며 기꺼이 자신의 삶을 복음을 위해 내어 주었습니다. 그는 승리를 확신하기 때문입니다. 죽음이 두렵지 않은 사람이 열린 눈으로 보는 새로운 세상에서 말입니다.

예수

예루살렘은 예수의 죽음을 기다리고 있는 곳이었습니다. 사람들은 예수가 예루살렘으로 간다는 것이 무슨 의미인지를 잘 알고 있었습니다. 그때에 몇몇 바리새인이 예수께 나아와서, 헤롯 왕이 죽이려고 하니 떠나가라고 말합니다(눅 13:31). 그러나 그들의 걱정과 우려에 대해서 예수는 다음과 같이 말합니다.

…"가서, 그 여우에게 전하기를 '보아라, 오늘과 내일은 내가 귀신을 내쫓고 병을 고칠 것이요, 사흘째 되는 날에는 내 일을 끝낸다' 하여라. 그러나 오늘도 내일도 그다음 날도, 나는 내 길을 가야 하겠다. 예언자가 예루살렘이 아닌 다른 곳에서는 죽을 수 없기 때문이다."

예수는 자신에게 무슨 일이 일어날 줄 모르고 예루살렘으로 가는 것이 아닙니다. 그는 자신에게 닥칠 일을 잘 알고 있었고, 그럼에도 그 행보를 바꾸지 않았습니다. '오늘도, 내일도, 그다음 날'도, 예수는 자신의 길을 갈 뿐입니다. 죽음도 막을 수 없는 길을 예수는 흔들리지 않고 걸어갑니다. 예수가 죽음을 두려워하지 않았기 때문이 아닙니다. 죽음은 예수에게도 견디기 힘든 일이었습니다.

겟세마네 동산에서의 예수를 생각해 보십시오.

그들과 헤어져서, 돌을 던져서 닿을 만한 거리에 가서, 무릎을 꿇고 이렇게 기도하셨다. "아버지, 만일 아버지의 뜻이면, 내게서 이 잔을 거두어 주십시오. 그러나 내 뜻대로 되게 하지 마시고, 아버지의 뜻대로 되게 하여 주십시오." 그때에 천사가 하늘로부터 그에게 나타나서, 힘을 북돋우어 드렸다. 예수께서 고뇌에 차서, 더욱 간절히 기도하시니, 땀이 핏방울 같이 되어서 땅에 떨어졌다.

예수의 기도는 간절합니다. 죽음을 피할 수만 있다면 피하고 싶었습니다. 그러나 그 마지막 순간까지, 예수는 자신의 뜻과 하나님의 뜻을 놓고 필사의 싸움을 합니다. 죽음을 피하고 싶기는 하지만, 하나님의 뜻을 이기고 싶지도 않은 마음일 것입니다. 예수의 기도는, 가장 절박한 때에, 가장 간절한 마음으로, 자신의 뜻을 하나님의 뜻에 복종시키는 결단입니다. 죽음으로 가는 하나님의 뜻을 뿌리치지 않겠다는 의지입니다. 이 기도는 예수가 가야 하는 길이 얼마나 험난한 것인지를 알려 줍니다. 그리고 예수를 따른다면, 예수와 같은 이러한 기도의 결단과 의지가 필요하다는 것도 말입니다. 믿음은 예수와 함께 그 죽음의 길에 들어서는 것이며, 그 길에서 고뇌하며 핏방울 같은 땀을 흘리며 결단하는 것이기 때문입니다. 믿음에는 이러한 치열함이 요구됩니다. 믿음의 길은 즐겁고 발걸음 가벼운 산책로가 아닙니다.

그러므로 예수는 그렇게 십자가를 지고 마지막까지 절규합니다.

세 시에 예수께서 큰소리로 부르짖으셨다. "엘로이 엘로이 레마 사박다니?" 그것은 번역하면 "나의 하나님, 나의 하나님, 어찌하여 나를 버리셨습니까?" 하는 뜻이다.

마가복음 15:34

마치 하나님께 버림받은 사람처럼 보입니다. 그러나 십자가 위 예수의 절규는 부활의 의미를 더해 줍니다. 부활은 예수가 죽고 예수가 살아난 것이 아니라, 예수가 죽고 하나님이 예수를 살린 사건입니다. 예수는 자신이 살아날 줄 알고 잠시 죽음 속으로 간 것이 아닙니다. 십자가는 예수의 마지막이었고, 모든 것을 내어 준 예수의 구원 사건입니다. 그러나 그것을 마지막이 아니라 시작으로 만든 것이 하나님입니다. 하나님은 예수를 죽음에서 일으켜 세웠고 예수의 십자가에서 죽음을 이기는 하나님의 능력을 보여 주었습니다. 부활은 철저히 하나님의 은혜의 사건이며, 단지 우리 인간이 소망할 수 있을 뿐인, 그러나 요구할 수 없는 영역입니다. 죽음과 부활이 거래되는 순간, 믿음은 빛을 잃습니다. 믿음은, 어떠한 요구도 없이, 하나님의 구원

예수

의 은혜에 자신을 던지는 것입니다.

우리가 십자가상의 칠언으로 알고 있는 것은 각각의 복음서에 흩어져 있는 일곱 개의 말입니다. 그것은 각 복음서가 보여 주는 예수의 모습과 연결됩니다.

"아버지, 저 사람들을 용서하여 주십시오. 저 사람들은 자기네가 무슨 일을 하는지를 알지 못합니다."

누가복음 23:34

"내가 진정으로 네게 말한다. 너는 오늘 나와 함께 낙원에 있을 것이다."

누가복음 23:43

"아버지, 내 영혼을 아버지 손에 맡깁니다."

누가복음 23:46

누가복음에서 예수는 십자가에서까지 구원을 멈추지 않습니다. 자신의 죽음이 코앞인 시점에서도 오직 그의 관심은 구원뿐입니다. 그의 구원의 대상은 이 땅의 모든 사람이며 그의 구원이 가능한 것은 하나님 때문입니다. 하나님이 그를 책임질 것이라는 소망이 예수에게 있습니다. 십자가는 어쩌면 외로운 길이 아닙니다. 십자가에도 하나님이 함께하기 때문입니다. 모든 고난의 순간에 그러하듯, 십자가에 하나님이 있습니다.

요한복음은 다음과 같습니다.

"어머니, 이 사람이 어머니의 아들입니다."…"자, 이분이 네 어머니시다."

요한복음 19:26-27

…"목마르다"….

요한복음 19:28

…"다 이루었다"….

요한복음 19:30

육을 입은 예수에게 죽음 자체는 고통스러운 것이지만, 예수의 죽음은 하나님의 일의 완성입니다. 예수의 죽음은 아버지의 집으로 가는 과정이며, 아버지의 집에 제자들이 있을 곳을 예비하는 것입니다. 예수의 죽음은 이미 승리이며 하나님의 영광입니다. 이제 남아 있는 어머니 마리아와 사랑하는 제자를 통해서, 예수의 죽음이 의미하는 하나님의 영광이 이어질 것입니다. 요한복음은 남아 있는 자들이 이들처럼 예수의 죽음을 따라가며, 이들과 같은 믿음을 잃지 말라고 말합니다. 부활의 영광을 기대하며 고난과 죽음을 견뎌 내고 예수의 생명을 이어 가는 일이 믿음이기 때문입니다. 각각의 복음서는 십자가의 의미를 다양하게 드러내지만, 그것은 하나같이 십자가에 나타난 하나님의 능력과 영광을 보여 주며, 십자가로부터 시작되는 부활을 소망하게 합니다. 예수는 그 소망으로 '오늘도, 내일도, 그다음 날'도, 흔들리지 않고 나아갔고, 그 뒤를 따라 그렇게 매 순간 예수처럼 나아가는 사람들로 그 부활 신앙이 이어집니다.

나가는 말

부활절이라는 말이 주는 약간의 거부감이 있습니다. 부활을 절기 행사로 묶어 놓는 듯한 느낌을 받기 때문입니다. 기독교는 부활 신앙으로부터 시작했으니, 부활은 우리의 초심이며 우리 신앙의 기반입니다. 그것을 기억하기 위해서 부활절이 필요하지만, 절기가 되는 순간 부활의 일상성이 사라지고 연례행사로 전락하기도 하여 조금은 걱정스럽고 안타까운 면이 있습니다. 달걀 한 알로 상징되는 '부활의 기쁨'도 마뜩잖습니다. 껍질을 벗긴 달걀을 입속으로 넣으면 끝나는 것처럼, 달걀을 깨고 나온 기쁨도 너무 빨리 사라지는 것 같기 때문입니다. 부활을 음미하고 기쁨을 확장할 시간이 더 많이 필요하다는 생각을 합니다. 진정으로 부활의 기쁨이 지속되는 삶을 바란다면 말입니다.

그러므로 언제나, 그리스도 안에 살아 있는 순간마다, 예수의 부활을 살아간다는 것의 의미를 되새겨 보고 싶었습니다. 그 부활의 의미가 우리로 하여금 그리스도 안에 머물게 할 것이기 때문입니다. 우리를 위한 예수의 죽음, 죽음으로 가는 예수의 길, 그것을 따라가며 예수와 함께 죽음을 견뎌 낼 때, 피어나는 것이 부활의 소망입니다. 부활을 소망으로 묶는 것은, 부활은 우리의 의지와 노력, 우리의 믿음으로도 이룰 수 없기 때문입니다. 부활은 은혜이기에, 그것은 소망할 수 있을 뿐입니다. 그러나 그것을 소망으로 가질 수 있다는 것 또한 은혜이며 큰 기쁨입니다. 수많은 눈에 보이는 유혹에도 불구하고, 보이지 않는 그것을 따라갈 수 있다면, 얼마나 감사한 일입니까! 부활은 이렇듯 우리의 삶에 깃들인 하나님의 은혜를 알게 하는 원천입니다.

그러나 성경 속 사람들에게서 보았듯이, 그들은 하나같이 단번에 예수의 부활을 기대하지도, 알아차리지도, 믿지도, 기뻐하지도 못했습니다. 그러던 그들이 마침내 단단한 신앙으로 죽음을 넘어설 때, 그들의 이야기는 힘과 위로가 됩니다. 그러므로 그들과 함께 부활의 소망을 나누며, 더디고 느린 발걸음을 차분히 하나님에게로 옮겼으면 좋겠다는 마음으로 짧은 글을 썼습니다. 그것만이 믿음의 방향타가 되었으면 좋겠습니다. 그러면서, 나는 어디쯤에 있을까, 물었습니다. 그 길이 참 들쑥날쑥했습니다. 나는 과연 예수의 길에 서 있는 것일까? 나는 과연 예수를 따르고 있을까? 나는 도대체 무엇을 보고 있는 것일까? 예수의 죽음을 따르고 나의 죽음과 싸우기 위해서, 눈에 보이는 것으로 가득 찬 소망을 거두고 열린 눈으로 다시 시작해야겠다는 생각이 들었습니다. 부활의 소망을 믿음의 주춧돌로 삼아, 고난과 절망, 실패와 좌절 속에서도, 삶은 큰 기쁨으로 충만했으면 좋겠습니다. 그렇게 우리 모두가 죽음을 넘어설 수 있기를 소망합니다.

  나가는 말

죽음, 부활을 품다

1판 1쇄   인쇄 2026년 3월 9일
1판 1쇄   발행 2026년 3월 13일

지은이   김호경

발행처   도서출판 뜰힘
발행인   최병인
편집   최병인
디자인   이차희
등록   2021년 9월 13일 제 2021-000037호
이메일   talkingworker@gmail.com
인스타그램 instagram.com/ddeulhim
페이스북   facebook.com/ddeulhim

ISBN 979-11-997966-0-7 03230

뜰힘은 아래를 향하는 힘에 반하여 위로 뜨려는 힘입니다.